외계인 탐사대의 지구인 보고서

예바 솔라슈 글 | 로베르트 챠이카 그림 | 이지원 옮김

원더박스

글 에바 솔라슈

미술사학을 전공한 큐레이터이자 작가입니다.
폴란드의 아름다운 문화와 디자인을 알리는 전시를 기획하고, 어린이와 청소년을 위한 책을 씁니다.
첫 책 『상상하는 디자인』은 전 세계 14개 언어로 번역되어 많은 사랑을 받았으며,
지은 책들은 IBBY에서 '올해의 폴란드 책'을 비롯해 세 차례나 우수 도서에 선정되었습니다.
기획한 전시는 유럽은 물론 캐나다, 브라질, 한국에서도 개최되어 큰 사랑을 받았습니다.

그림 로베르트 챠이카

바르샤바 미술 아카데미에서 회화를 전공한 화가이자 그래픽 아티스트입니다.
어린이 잡지 『마법 암탉』의 발행인이자 디자이너였고, 어린이용 종이 장난감을 제작하기도 했습니다.

옮김 이지원

폴란드어 번역가입니다. 한국외국어대학교 폴란드어과를 졸업한 뒤
폴란드에서 미술사를 공부해서 박사 학위를 받았습니다.
어린이책 연구와 일러스트레이션 전시 기획도 하지만 번역하는 일을 가장 좋아합니다.
어린이책과 문학책을 비롯해 100여 권을 우리말로 옮겼고, 영화 자막 번역과 통역도 합니다.
에바 솔라슈의 책 번역은 『상상하는 디자인』 이후 두 번째입니다.
로베르트 챠이카의 오랜 팬이기도 합니다.

프라니아, 얀카, 야시엑, 마리샤, 마리안카, 가비와 미워슈에게

여러분의 손에 지구인의 언어로 번역된 행성 간 탐험 조사대의 보고서를 들려 드립니다.
우주에서 가장 지능이 높은 생명체 대표로 구성된 우리 위원회에서는 50억 년 전부터
우주에 존재하는 지적 현상에 대한 모든 정보의 수집을 위촉해 왔습니다.

지구에 살고 있는 생명체인 지구인이 조사 대상이 된 것은 처음입니다. 보고서는
지구 시간으로 정확히 7초 만에 작성되었습니다. 우주에서 파견된 조사원들은
이 행성의 생명체들이 제공해 준 데이터를 이용했습니다.

위원회에서는 보고서 분석 이후 지구인과 직접 접촉하겠다는 결론을 내리지 못하였습니다.
기술적 문제 때문에 보고서 전체를 보여 드리지는 못하고 몇몇 부분만 골라서
보여 드립니다. 보고서의 다음 부분을 이후에 더 얻을 수 있을지도 모릅니다.
그렇게 된다면 그때 더 공개하겠습니다.

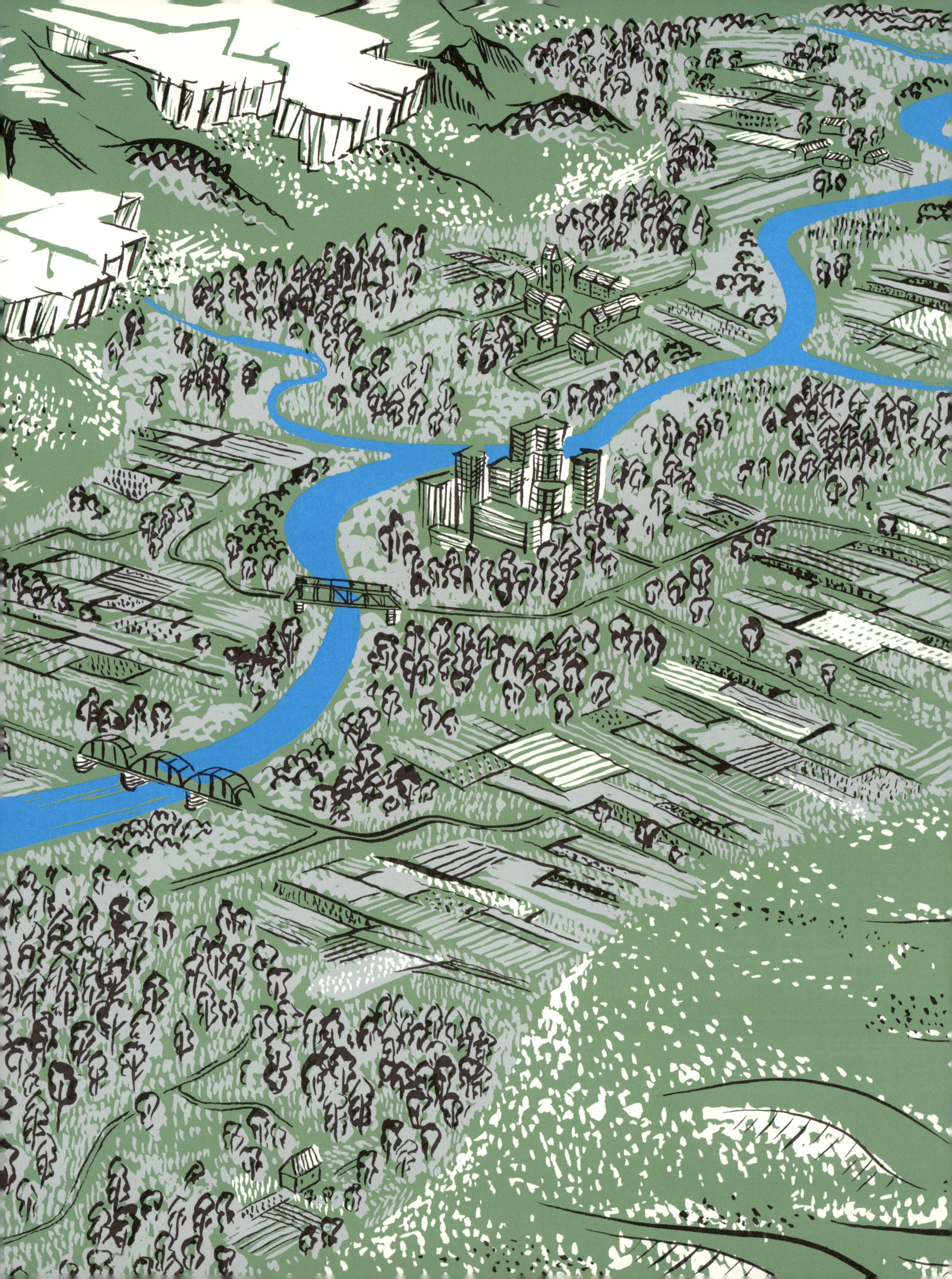

지구

지구는 우주 외곽에 위치한 평범한 행성이다.
거기에 살고 있는 지구인은 자신들이 특별한 존재라고 굳게 믿고 있다.

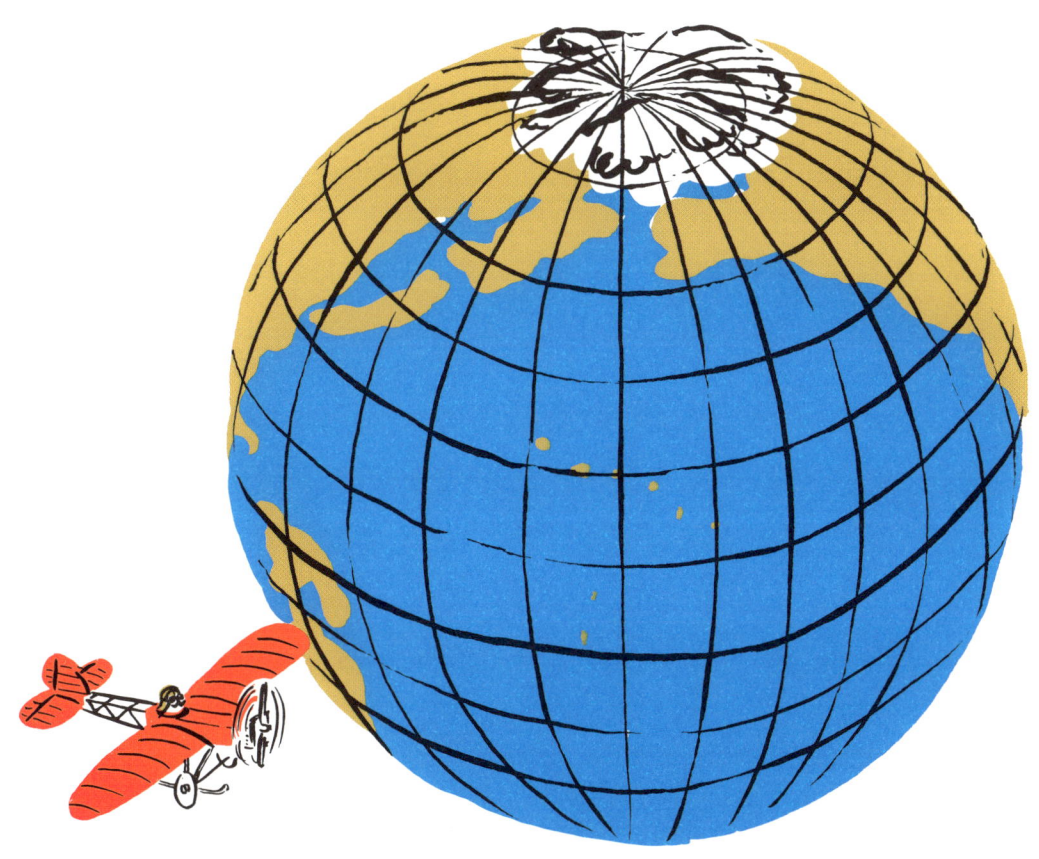

지구는 우주의 3000억 개 행성 가운데 하나이다.
어미별인 태양 둘레를 돈다.

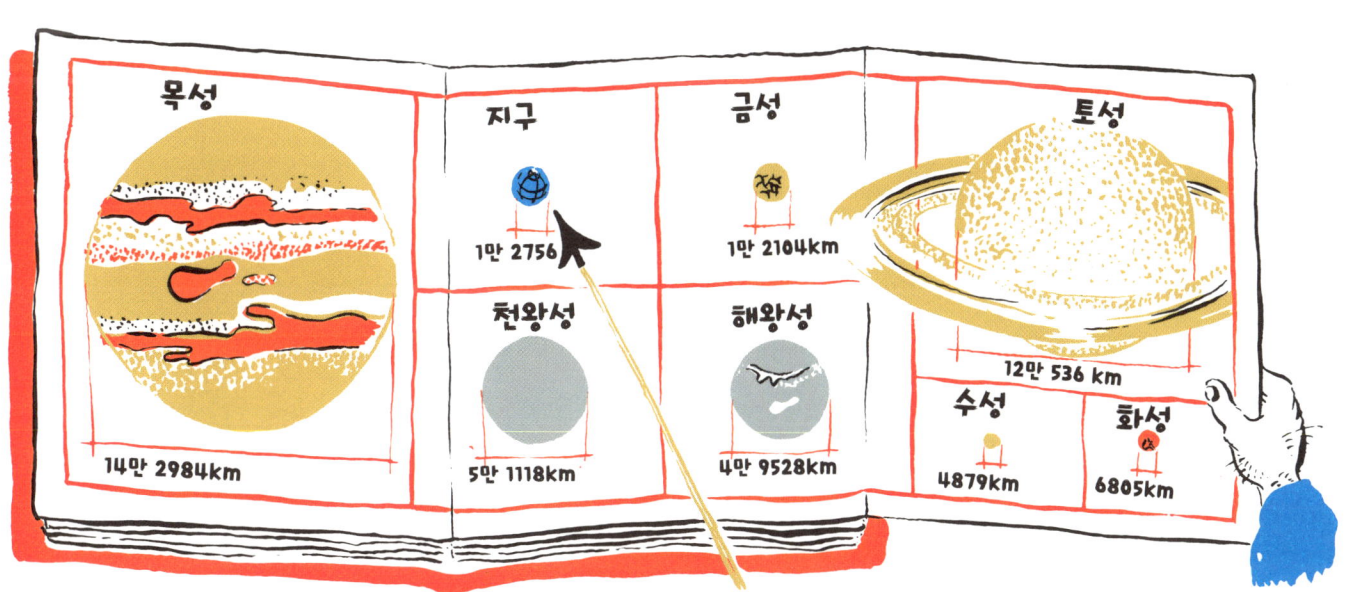

특별한 점은 하나도 없다. 태양계의 작은 행성 가운데 하나로,
목성의 11분의 1 크기이다.

크기와 어미별과의 거리로 볼 때
우주에는 지구와 비슷한 행성이 10억 개는 있다.

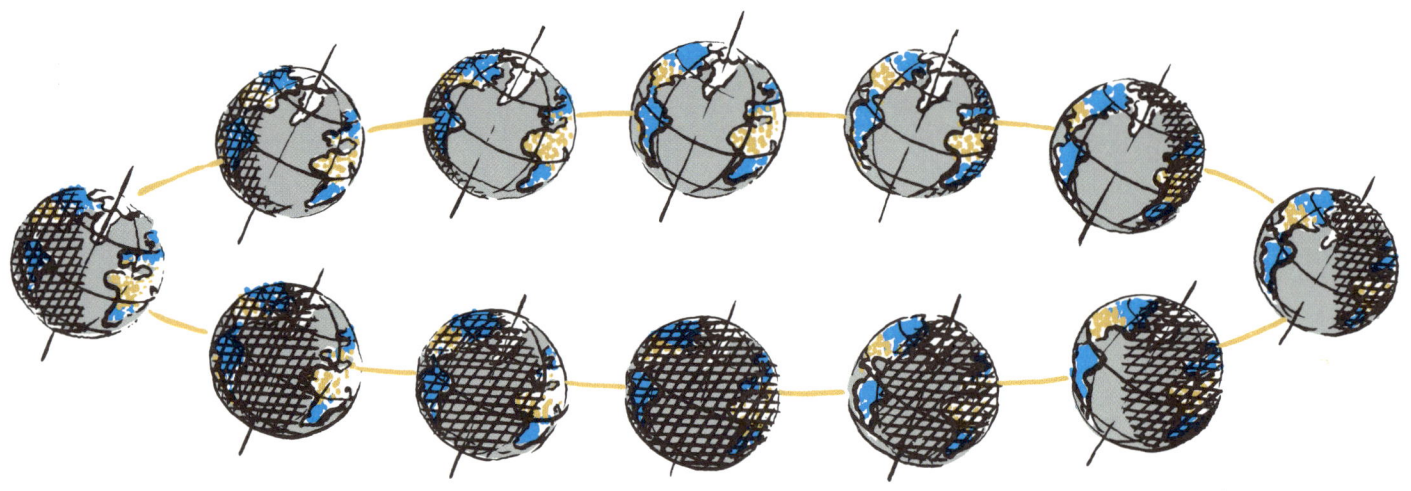

지구가 태양 둘레를 한 바퀴 도는 데에는 지구 시간으로 365일이 걸리는데, 지구인은 이를 '1년'이라고 부른다.
지구가 자전축을 중심으로 한 바퀴 도는 데에는 지구 시간으로 24시간이 걸리며, 이를 '하루'라고 부른다.
지구인이 나이를 밝힐 때는, 자신이 태양 둘레를 몇 바퀴 돌았는지 말하는 것이다.

태양은 지구보다 109배나 크지만, 지구인이 보는 태양은 지평선 위에 걸려 있는 작은 동그라미이다.

그 이유는 지구가 태양으로부터 1억 4960만 킬로미터 떨어져 있기 때문이다.

지구가 태양 둘레를 한 바퀴 도는 데 걸리는 정확한 시간은 365일 5시간 49분 12초이다.
그 차이를 계산하기 위해 지구에서는 4년마다 윤년을 두는데, 그 해는 365일이 아니라 366일이다.

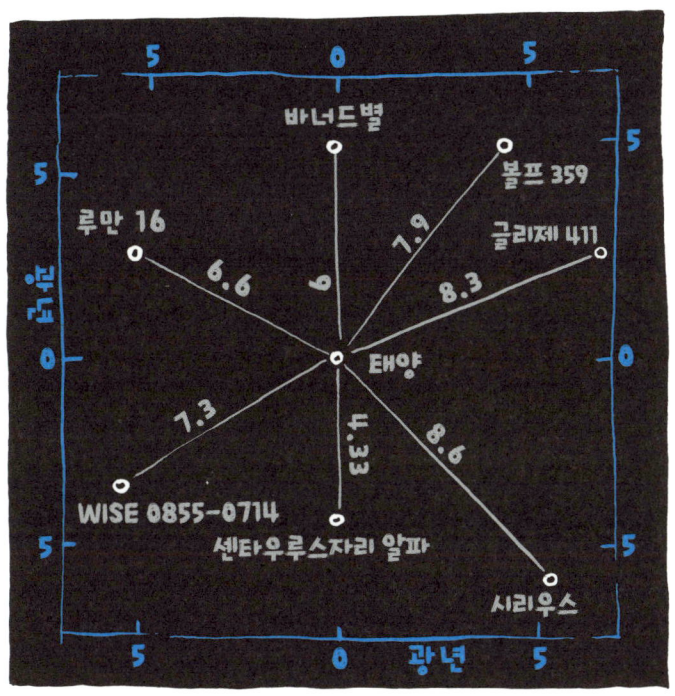

가장 가까운 항성계인 센타우루스자리 알파와 태양계는 4와 3분의 1광년 떨어져 있다. 초속 30만 킬로미터로 움직이는 빛의 속도로 4년 4개월 걸리는 거리라는 뜻이다.

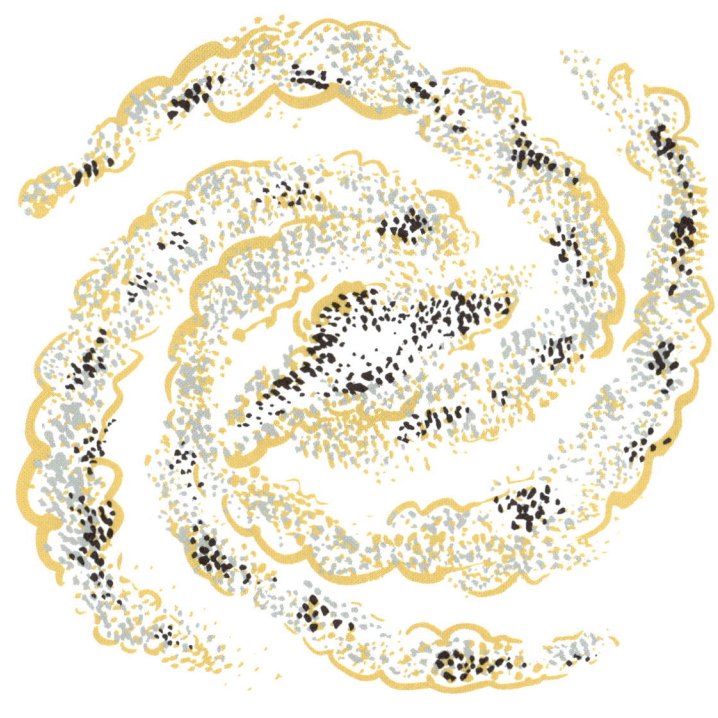

태양과 태양을 둘러싼 별들은 지구인이 '우리 은하'라고 부르는 은하를 이룬다. '우리 은하'는 약 4000억 개의 별로 이루어졌으며, 지름은 약 10만 광년이다.

'우리 은하'는 우주에 있는 2조 개의 은하 가운데 하나이다.

지구인 천문학자들이 말하는 지구

얼마 전까지만 해도 지구인은 자기들의 행성이
우주의 중심에 있다고 믿었다. 그것은 마치 모래알 하나가
사막 전체가 자기를 중심으로 돌고 있다고 생각한 꼴이다.

밀레토스의 탈레스(기원전 7세기~기원전 6세기)는
지구는 바다 위에 떠 있는 평평한 원반과 같으며,
그 둘레를 달과 해, 행성들이 돌고 있다고 하였다.

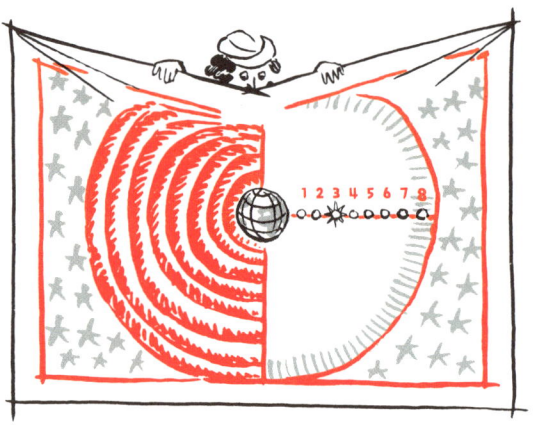

프톨레마이오스(1~2세기)는 지구가 여덟 개의
투명한 구(공처럼 둥글게 생긴 것)로 둘러싸여 있고,
그 구 위에 달과 해와 행성들이 있다고 주장했다.

코페르니쿠스(15~16세기)는 태양이 우주의 중심에 가만히 있고,
지구를 비롯한 모든 행성이 태양 둘레를 돌고 있다고 말했다.

조르다노 브루노(16세기)는 태양도 여러 별 가운데 하나이며,
우주의 중심이 아니라고 주장했다. 그리고 다른 별도 태양처럼
행성들을 거느리며, 그 행성들에도 생명체가 있다고 말했다.
이런 생각 때문에 종교 재판을 받고 화형을 당했다.

지구가 평평하다고 믿는 지구인들

분명한 증거가 있음에도, 아직 모든 지구인이 지구가 둥글다는 사실을 믿는 것은 아니다.
어떤 지구인들은 지구가 얼음벽으로 빙 둘러 가로막힌 평평한 판 모양이며, 땅의 중심은 북극이라고 믿는다.

물과 땅

우주에서 본 지구는 푸른색 공처럼 보인다.

이름에 땅 지(地) 자가 들어 있지만, 지구엔 마른 땅이 그렇게 많지는 않다.
지구 표면은 대부분 물이 덮고 있으며…

땅의 넓이는 그보다 좁다. 땅 넓이의 약 2.5배가 물로 덮여 있다.

물은 지구 표면의 71퍼센트, 땅은 29퍼센트를 덮고 있다.

지구의 거의 모든 물은 짠물이다.
단물의 양이 1리터라면, 짠물의 양은 40리터이다.

단물은 거의 모두 빙하이거나 깊은 땅속을 흐르는 지하수이다.
지구인은 전체 단물에서 100분의 1 정도만 쓸 수 있다. 그 물을 지표수라고 부른다.

지구 전체 물의 97.5퍼센트가 짠물이다.
단물의 69퍼센트는 빙하에 갇혀 있고, 30퍼센트는 지하수이며, 1퍼센트만 지표수이다.

지구인은 대부분 땅에서 지내지만, 공중이나 물 위에서도 관찰된다. 배나 비행기를 타고 이동하기도 하고, 배 위에서 살기도 하고, 잠수를 하거나 글라이더를 타고 하늘을 날기도 한다.

지구의 땅 전체에 지구인이 살 수 있는 것은 아니다.
빙하, 사막, 황무지는 지구인이 살기에 알맞지 않다.

지구인은 살기 알맞은 땅의 절반 넘는 곳에서 농사를 짓고 가축을 기른다.
땅의 3분의 1은 숲이다. 땅의 100분의 1에 지구인은 건물을 지었다.

지구인은 전체 땅의 71퍼센트에서 살 수 있다. 전체 땅의 10퍼센트는 얼음으로 덮여 있고,
21퍼센트는 사막과 같은 황무지이다. 농사를 지을 수 있는 땅의 77퍼센트에서 가축을 기르고 있으며,
나머지 23퍼센트에서 농작물을 기른다. 지구인은 해마다 10만 제곱킬로미터의 숲을 베어 없앤다.

지구의 땅은 여러 대륙으로 나뉘어 있다. 가장 큰 대륙은 유라시아인데, 지구인은 이 대륙을 유럽과 아시아로 나눈다.

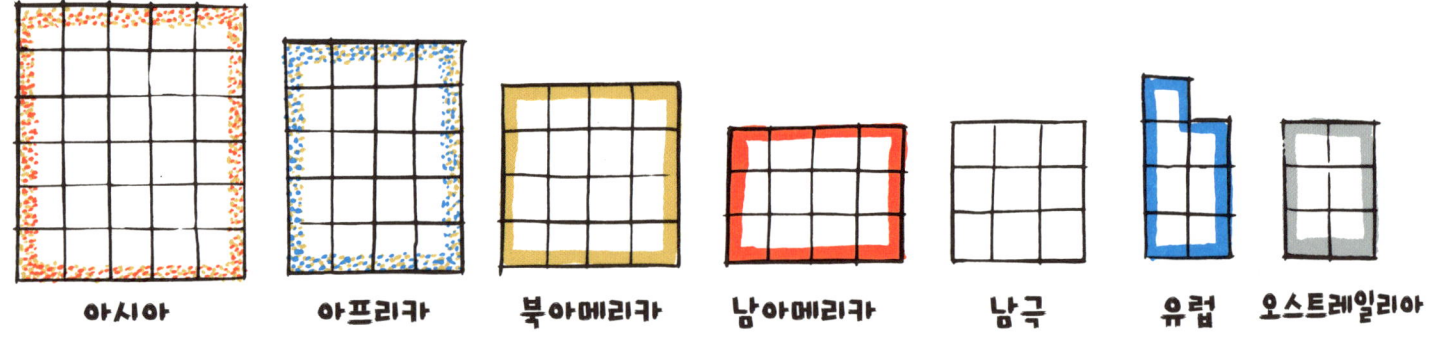

가장 큰 대륙은 아시아이며, 가장 작은 대륙은 오스트레일리아이다.

지구인은 일곱 대륙 가운데 여섯 대륙에 산다. 아시아인이 가장 많고, 오스트레일리아인이 가장 적다. 북극인과 남극인은 없다. 극지방에 사는 사람을 일컫는 말 자체가 없다.

전체 지구인의 59퍼센트는 아시아인이고, 18퍼센트는 아프리카인, 9퍼센트는 유럽인, 8퍼센트는 북아메리카인, 5.5퍼센트는 남아메리카인, 0.5퍼센트는 오스트레일리아인과 오세아니아인이며, 북극과 남극에 사는 사람은 0퍼센트이다.

남극은 환경이 혹독하여 사람이 눌러 살 수 없다.
이곳에는 과학자들만 살고 있는데 겨울에는
1100명 남짓 살고, 여름에는 4400명 남짓 산다.

지구에는 지구인이 살지 않는 곳도 있고, 굉장히 많은
지구인이 사는 곳도 있다. 평균 인구 밀도(세계 인구를 지구의
땅 넓이로 나눈 값)는 1제곱킬로미터당 62명이다.

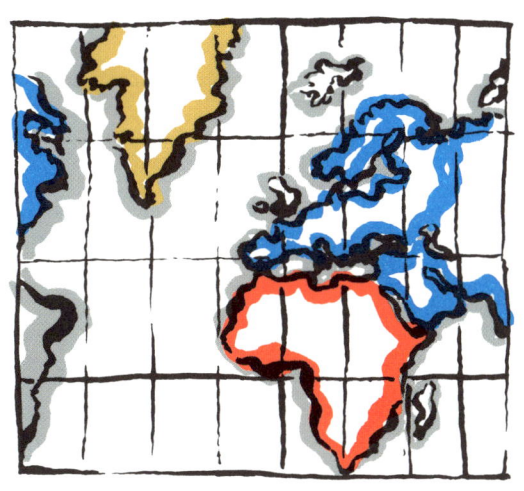

지구인이 만든 지도는 대륙과 나라의 진짜 크기를 보여 주지 않는다. 둥근 공 모양인 지구를 평면에 펼쳐 놓으면
대륙과 바다의 모양이 실제 모양과 달라지기 때문이다. 보통 극지방이 훨씬 넓게 늘어난다.
그래서 지도에서는 아프리카가 그린란드와 비슷한 넓이로 보이지만, 사실 아프리카는 그린란드보다 14배 더 넓다.

16세기 네덜란드 플란데런의 지도 제작자 헤라르뒤스 메르카토르가 지도 제작법(메르카토르 도법)을 내놓은 뒤로, 지구인의 지도에서는 북쪽을 위에 놓는다. 그렇지만 모든 지도가 그런 것은 아니다. 예를 들어 고대 이집트의 토리노 파피루스 지도에는 동쪽이 위에 있다.

이와 달리 이슬람의 옛 지도에는 남쪽이 위에 있다. 예전에는 이슬람 사회 대부분이 이슬람 성지인 메카 북쪽에 있었는데, 지도 제작자들은 메카를 위로 올려다본다고 생각했기 때문이다. 기독교의 옛 지도에서 위쪽은 동쪽이었다. 에덴동산이 동쪽에 있었을 거라고 짐작된다.

지구의 생명

지구인은 지구의 모든 생명체를 자신들이 다스린다고 생각하고는 한다.
사실은 지구인도 전체 생명체의 일부일 뿐이다.

지구의 역사 초기에는 물에서만 생명체가 살았다.
육지에 처음 나타난 생명체는 미생물이고,
그 뒤로 지의류, 이끼류, 균류(곰팡이류)와 식물이 나타났다.

3억 7500만 년 전, 고대 어류가 물 밖으로 나와
육지 척추동물로 진화하기 시작했다.
이러한 진화가 거듭되어 지구인이 생겨났다.

지구 생물량

지구는 식물의 행성이다. 지구인의 무게를 모두 더한 값이 1킬로그램이라면,
식물은 8200킬로그램, 세균은 1300킬로그램이다.

지구인은 지구 생물량의 0.011퍼센트인 6000만 톤이다. 식물은 82퍼센트인 4500억 톤,
세균은 13퍼센트, 균류는 2.2퍼센트, 그 밖의 생명체들은 3퍼센트이다.

지구인의 무게를 모두 합쳐도 균류의 무게가 200배 더 많고,

곤충, 거미, 갑각류의 무게가 17배 더 많고,

어류의 무게가 12배 더 많으며,

바이러스의 무게가 3배 더 많다.

동물

지구에 사는 포유류의 대부분은 지구인이 기르는 동물들이다. 지구인이 수천 년 동안
야생 동물을 사냥하고 야생 동물 서식지를 차지해 온 끝에 그렇게 되었다.

포유류의 63퍼센트는 가축(소, 돼지, 염소, 양)이고, 34퍼센트는 지구인이며, 3퍼센트는 야생동물이다.
거의 날마다 야생 동물 한 종이 멸종하고 있다.

지구에 사는 새의 10분의 7은 지구인이 기르는 닭이나 오리 같은 가금류이다.

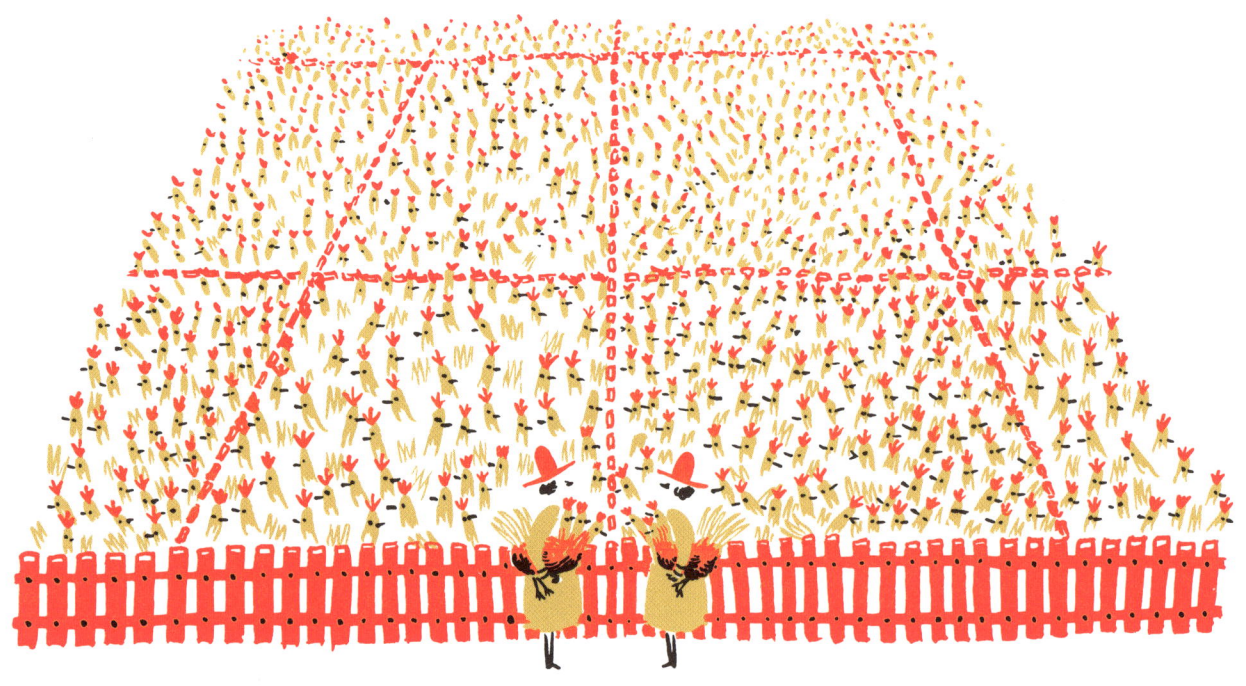

지구인이 농장에서 기르는 닭은 약 260억 마리이다.
한 지구인당 세 마리씩 나누어도 남는 숫자이다.

지구인이 만든 것

2013년, 지구인이 만든 것을 모두 합친 무게가 지구 생물량과 같아졌다.
지구인이 만드는 것은 주로 콘크리트, 플라스틱, 아스팔트, 금속, 유리와 쓰레기이다.

2022년, 지구 표면(바다 포함) 1제곱미터당 콘크리트의 무게는 1킬로그램이었다. 아무것도 변하지 않고 이대로 계속된다면,
2040년에 지구인이 만든 모든 것의 무게는 지구 생물량의 세 배에 이를 것이다.

호모 사피엔스

지구인은 호모 사피엔스, '슬기로운 사람'이라고 불리는 종이다.
지구인은 다른 동물과 무엇이 다를까?

지구인은 두 다리를 사용하여 똑바로 서서 움직인다.

대부분의 동물들은 지구인보다 훨씬 빠르게 달릴 수 있다.
네 발로 달리는 것이 두 발로 달리는 것보다 빠르다.

대신 지구인은 가장 뛰어난 오래달리기 선수이다.
긴 거리를 달릴 때 말보다 빠른 지구인도 있다.

치타의 최고 속력은 시속 120킬로미터, 가젤은 시속 94킬로미터, 산토끼는 시속 72킬로미터, 고양이는 시속 48킬로미터, 코끼리와 침팬지는 시속 40킬로미터, 지구인은 시속 20킬로미터, 닭은 시속 14킬로미터, 쥐는 시속 13킬로미터이다. 가장 빠른 지구인인 우사인 볼트는 시속 44킬로미터로 달린다.

지구인은 몸을 보호해 줄 두꺼운 피부도, 가시도, 털도 없다.

하지만 옷을 지어 입고, 땀을 흘릴 수 있다. 땀을 흘리는 능력이 더위를 견딜 수 있도록 해 준다.

지구인은 꼬리, 긴 발톱, 발굽이 없다.

하마의 피부 두께는 5센티미터이다. 산미치광이에는 3만 개의 가시가 있다. 사향소는 동물 가운데 가장 털이 길다.
수달의 털은 지구인의 머리카락보다 1000배쯤 더 촘촘하게 나 있다.

대신 지구인의 손은 도구를 사용할 수 있도록 되어 있다.

지구인에게는 동물들에 있는 날카로운 이빨이 없다.

하지만 지구인은 불을 사용할 줄 안다.
익힌 음식은 씹고 소화하기가 더 쉽다.

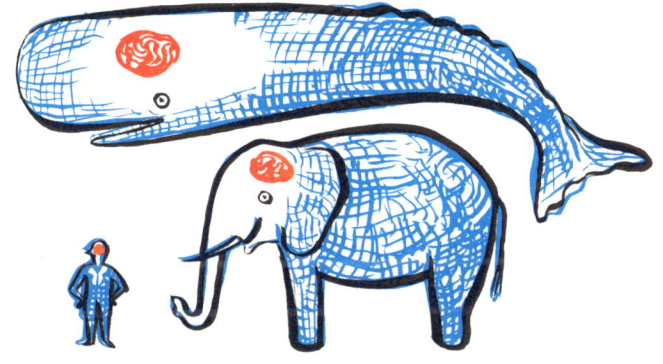

지구인의 뇌는 가장 무겁지도, 가장 크지도 않다.

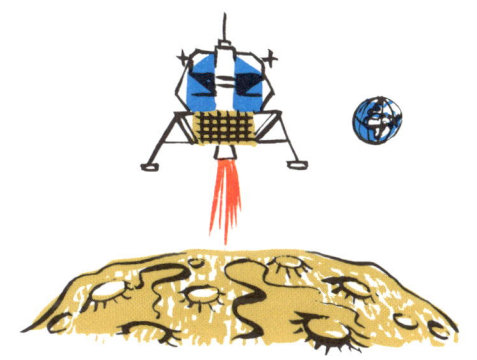

하지만 지구인은 달에 착륙했다.

지구인은 다른 포유류보다 근육이 적고 언뜻 더 약해 보이지만, 지구에서 가장 위험한 포식자이다.

지구인의 뇌는 1.3킬로그램이다. 코끼리의 뇌는 5.5킬로그램, 향고래의 뇌는 8킬로그램이다.
지구인의 뇌는 몸무게의 2퍼센트를 차지하고, 땃쥐의 뇌는 몸무게의 2.7퍼센트를 차지한다.

지구인의 몸

대부분의 지구인은 머리, 몸통, 두 팔과 두 다리로 이루어져 있다.

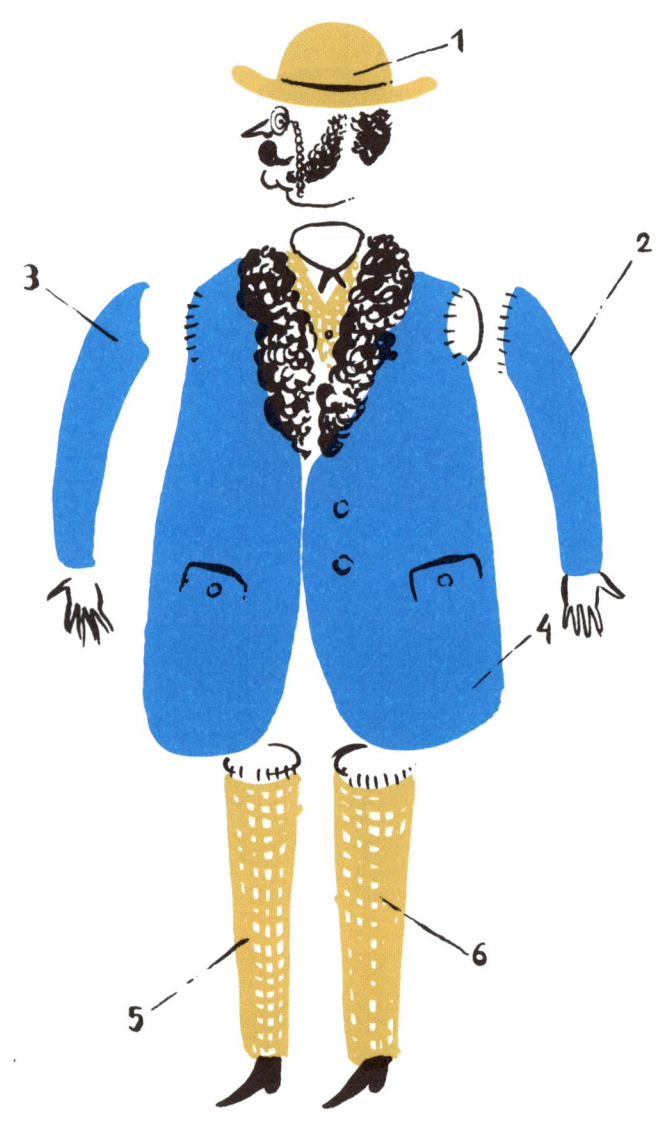

겉에서 보면 머리, 몸통, 두 팔, 두 다리, 이렇게
여섯 가지 기본 구조로 이루어져 있다.

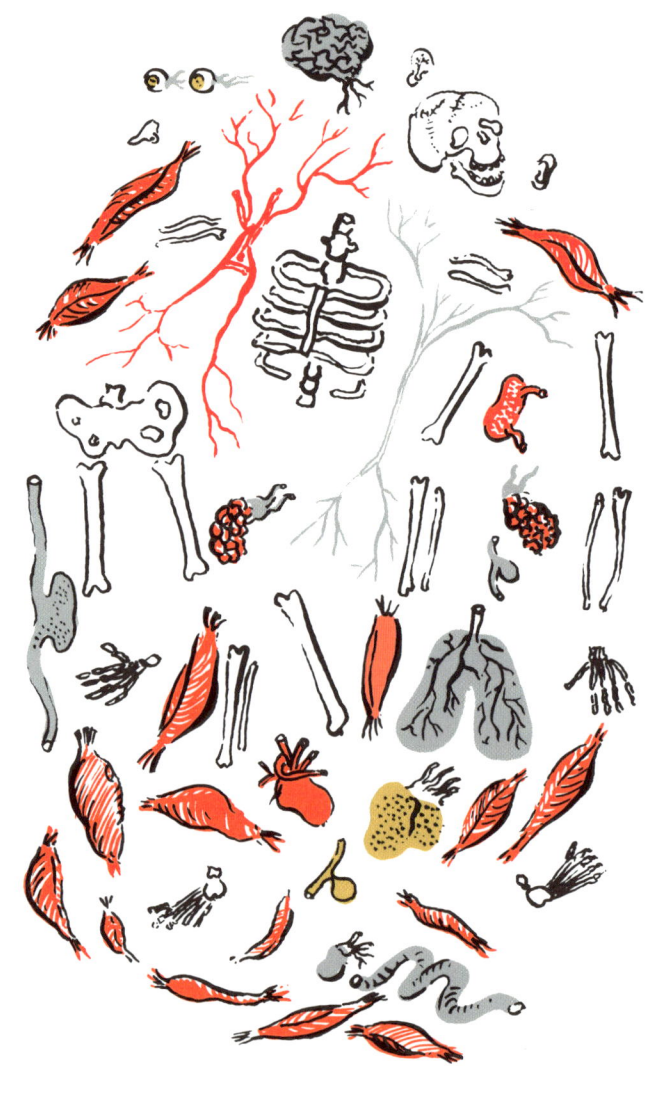

속에서 보면 평균 206개의 뼈, 650개의 근육,
10만 킬로미터가 넘는 혈관, 그리고 여러 가지 장기가
몸을 살아 있도록 해 준다.

다른 동식물이나 세균과 마찬가지로 지구인도 거의 전부가
산소, 탄소, 수소, 질소, 이렇게 네 가지 원소로 이루어져 있다.

지구인은 태어났을 때 뼈가 270개이지만, 시간이 지나면서 몇몇 뼈가 서로 붙어 하나가 된다. 몸무게가 71킬로그램인 지구인은
산소 43킬로그램, 탄소 16킬로그램, 수소 7킬로그램, 2킬로그램에 조금 못 미치는 질소와 다른 원소 51가지로 되어 있다.

지구인의 몸은 좌우 대칭이다. 왼쪽 반쪽과 오른쪽 반쪽이 거울에 비친 듯 닮았다. 하지만 자세히 보면 조금 다르다.

지구인은 대부분 위가 몸통 왼쪽에 자리 잡고 있고, 간과 쓸개는 오른쪽, 심장은 거의 가운데에 있다.

지구인의 왼쪽 얼굴은 보통 오른쪽 얼굴보다 더 표정이 밝다.
그것을 아는 지구인들은 사진을 찍을 때 왼쪽 옆얼굴을 찍는다.

  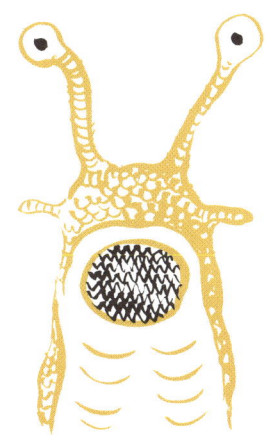

이빨

지구인은 일생에 한 번 이를 간다. 맨 처음 입 안에 자리 잡는 유치는 20개이다.
유치가 빠진 뒤에 나는 영구치는 많아야 32개이다. 동물 가운데 고래상어의 이빨은 약 3000개이고,
달팽이의 이빨은 약 2만 5000개로 지구인보다 훨씬 많다.

몸속 물

지구인의 몸은 반 넘게 물로 되어 있다. 더 젊을수록, 더 근육이 많을수록 물이 많다.
여자는 남자보다 더 물이 없고, 늙은 지구인은 어린 지구인보다 더 메말라 있다.

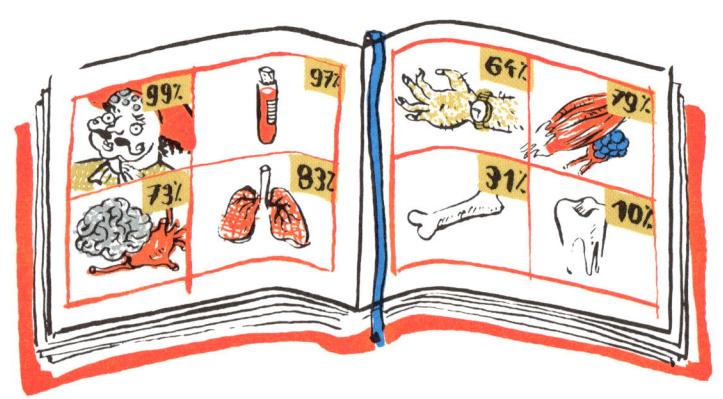

물은 피와 땀에만 있는 것이 아니고 이와 뼈에도 있다.

성체가 된 지구인은 매일 12컵의 물을 잃는다.
오줌과 똥, 땀, 숨쉬기를 통해 물을 내보낸다. 그래서 살아남기 위해
주로 마시거나 먹는 것을 통해 물을 계속 보충해 줘야 한다.

세포

지구의 모든 생명체와 마찬가지로 지구인도 세포로 이루어져 있다. 성체 지구인의 세포 절반은 인간 세포이다.
나머지는 세균, 바이러스, 곰팡이와 같은 미생물 세포이다. 미생물 세포 없이 지구인은 살 수 없다.

인간 세포는 30조(30,000,000,000,000) 개가 넘고, 미생물 세포는 39조 개쯤이다.
하지만 미생물은 작기 때문에 지구인 몸무게의 1~3퍼센트만 차지한다.

지구인뿐 아니라 모든 생명체의 세포에는 DNA가 있다. DNA는 생명체의 모습과 작동에 관한 정보가 담긴 설명서라고 할 수 있다.

지구인들의 DNA는 서로 거의 같다. DNA의 아주 작은 차이 때문에 지구인은 얼굴 모습, 눈과 머리카락, 피부색이 서로 다르다.

일란성 쌍둥이만이 서로 똑같은 DNA를 가지고 있다.
그렇기 때문에 똑같이 생긴 것이다.

지구의 모든 생명체는 같은 조상에서 나왔다. 지구인의 DNA에는 동식물과 똑같은 부분이 많다.
지구인의 DNA는 침팬지의 DNA와 겨우 1퍼센트만 다르며, 바나나의 DNA와는 50퍼센트가 다르다.

모든 지구인은 DNA가 99.9퍼센트 같다. 지구인은 침팬지와 DNA가 99퍼센트 같고, 고릴라와는 98퍼센트, 고양이와는 90퍼센트, 코끼리와는 88퍼센트, 개와는 85퍼센트, 쥐나 제브라피시와는 70퍼센트, 바나나와는 50퍼센트, 양배추와는 45퍼센트, 효모와는 23퍼센트 같다.

강인한 지구인

지구인은 허약하다.
기온이 적당하지 않거나 산소, 물, 음식이 없거나, 잠을 자지 못하면 살 수 없다.

산소가 없다면 지구인은 보통 3분밖에 견디지 못한다. 비버는 15분,
벌거숭이두더지쥐는 18분, 향고래는 1시간 반을 산소 없이 견딜 수 있다.

지구인은 물 없이 평균 3일을 살 수 있다. 물 없이 2주 동안 살 수 있는 낙타나
3주 동안 살 수 있는 기린에 비해 매우 짧은 생존 기간이다.

물을 마신다면, 지구인은 음식 없이 3주는 살 수 있다.
같은 조건에서 곰은 3달, 악어는 3년을 살 수 있다.

지구인은 몸속의 물이 1퍼센트쯤 없어졌을 때 목마름을 느끼기 시작한다.
몸속의 물 2퍼센트를 잃으면 뇌 기능에 문제가 생기고, 10퍼센트를 잃으면 몸을 움직일 수 없으며, 20퍼센트를 잃으면 죽는다.

건강한 지구인의 체온은 36.6도쯤 된다. 체온이 42도를 넘거나 20도 아래로 떨어지면 생명이 위험하다.

북극땅다람쥐는 체온을 영하 3도까지 낮출 수 있다.

지구인은 물에 젖으면 25배나 더 빨리 몸이 차가워진다.

고래나 물범 같은 해양 포유류는 영하 2도의 물속에서도 체온을 37도 정도로 유지할 수 있다.

지구인은 잠을 자지 않으면 살 수 없다. 성체가 된 지구인은 하루에 평균 8시간을 자야 한다.
동물 중 잠을 가장 많이 자는 코알라는 22시간을 자고, 토끼박쥐는 20시간, 뱀은 18시간 잔다.
가장 조금 자는 동물은 기린으로, 하루에 2시간밖에 자지 않는다.

놀라운 기록들

지구인 가운데는 참을성이 매우 강한 이들이 있다. 그들이 세운 기록을 지구인은 기네스북에 올린다.
기네스북에 오른 지구인 중에는 24분 동안 숨을 참은 이, 18일 동안 물을 마시지 않은 이, 382일 동안 차와 커피만 마시며 버틴 이,
11일 동안 잠을 자지 않은 이도 있다. 하지만 보통의 지구인은 그렇게 해서는 안 된다.

여자와 남자

어떤 동물은 암컷이 수컷보다 뚜렷하게 많거나 그 반대이다.
지구인은 암컷과 수컷의 수가 거의 같다.

막 태어난 지구인이 여자인지 남자인지 알기 위해서는 생식기를 봐야 한다.
그렇게 하지 않으면 여자 아기와 남자 아기를 구별할 수 없다.

성체가 된 지구인의 성별 차이는 뚜렷하다.
남자는 보통 좀 더 크고, 더 무게가 많이 나가고, 더 힘이 세다.
그리고 여자보다 좀 더 공격적일 수도 있다.

여자는 남자보다 털이 더 적고, 목소리가 더 높으며,
심장이 조금 더 빨리 뛴다.

동물은 대부분 암컷이 수컷보다 좀 더 크지만, 지구인을 포함한 대부분의 포유류는 그 반대이다.
남자는 여자보다 코가 10퍼센트쯤 더 크다. 코 크기 차이는 11세쯤부터 눈에 띄기 시작한다.

남자는 피부가 더 두껍다.
그리고 보통은 여자보다 코가 크다.

여자는 남자보다 병에 덜 걸리고 더 오래 산다. 또 몸으로든
마음으로든 더 잘 참으며, 냄새와 맛을 더 잘 느낀다.

여자 아기 100명이 태어날 때 남자 아기는 105명이 태어난다. 하지만 50세를 넘기면 여자가 남자보다 더 많다.
100세 이상에서는 여자 100명에 남자 24명꼴이다. 나라마다 차이는 있지만 지구 전체에서 여자와 남자의 수는 거의 같다.

제3의 성

지구인 중에서는 자기가 여자도 남자도 아니라고
느끼는 이가 있다. 여러 문화에서 그들을 '제3의 성'이라 부르고,
서류에 성별을 'X'라고 적는다.

성차별

지구의 역사를 보면 남성이 여성에게 자신들의 뜻을
강요한 때가 많았다. 오랫동안 남성은 여성이 공부를 하거나
직업을 갖지도 못하게 했다. 오늘날까지도 지구에는
여성이 남성과 같은 권리를 누리지 못하는 곳들이 있다.

여성은 남성보다 일터에서 돈을 평균 37퍼센트 적게 벌고, 높은 자리에도 오르지 못하며, 전체 집안일의 76퍼센트를 맡아 한다.
지구의 모든 국회의원 가운데 26.5퍼센트, 국가 지도자의 8퍼센트만이 여성이다.

짝

지구인은 대부분 사랑에 빠지는 경험을 한다.
성체 지구인 10명 가운데 8명이 짝을 맺고 있다.

지구인은 수천 년 전부터 보통 두 명으로 이루어진 짝을 맺어 왔다. 이러한 관계는 보통 성이 다른 두 지구인
남성과 여성으로 이루어진다. 하지만 두 명의 여성, 또는 두 명의 남성으로 이루어진 짝도 있다.

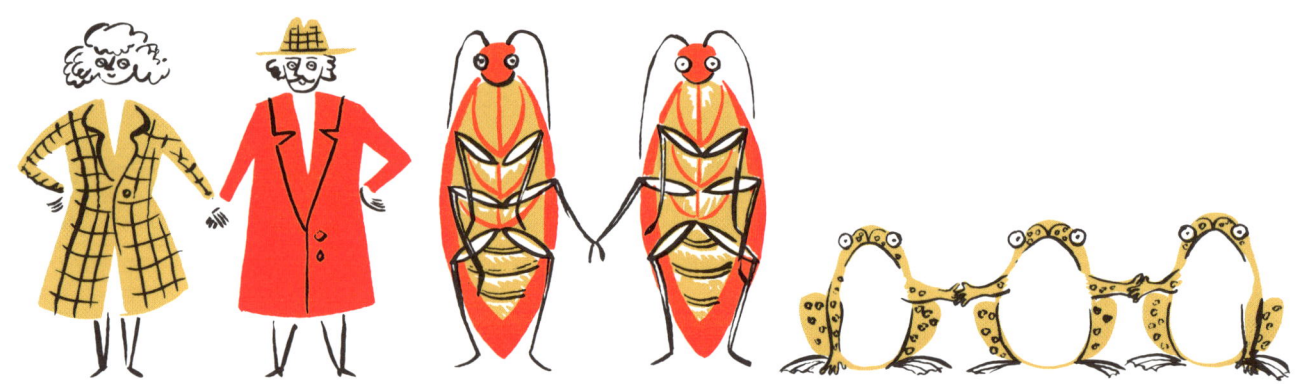

지구인은 대부분 둘이서 결혼하여 생활한다. 이런 관계를 일부일처제라고 한다. 한 명이 다른 한 명과
평생 또는 한때 같이 사는 관계이다. 지구인을 뺀 포유류 가운데 한평생 한 짝과만 지내는 종은
알려져 있지 않지만, 그런 짝이 가끔 있기는 하다. 곤충 가운데는 그런 관계를 맺는 종이 있다.
예를 들어 바퀴벌레가 그렇다. 어류와 양서류에서 한 짝과 평생 함께 지내는 예는 매우 드물다.

지구인의 첫 결혼은 41퍼센트가 이혼으로 끝난다. 혼인 관계는 평균 8년쯤 유지된다.
두 번째 결혼을 한 부부 중 60퍼센트가, 세 번째 결혼을 한 부부 중 73퍼센트가 이혼한다.

한 지구인이 두 명 이상과 결혼한 관계를 중혼이라고 한다. 일부다처제는 남자 한 명이
여러 여자와 사는 것이고, 일처다부제는 여자 한 명이 여러 남자와 사는 것이다.

일처다부제는 지구인 사이에서는 매우 드물지만,
여왕이 여러 수컷과 짝을 짓는 꿀벌이나 개미들 사이에서는 매우 흔하다.

지구인들이 결혼할 때, 짝은 절반 넘게 부모가 정한다. 인도에서는 거의 모든 결혼이
이렇게 이루어진다. 결혼식장에서 신랑 신부가 처음 만나는 일도 있다.

지구인의 2퍼센트가 중혼 관계에서 살며, 58개 나라에서 중혼을 인정한다. 부르키나파소에서는 인구의 36퍼센트, 말리에서는 34퍼센트,
나이지리아에서는 28퍼센트가 중혼 가족을 이루고 산다. 지구 전체에서는 60퍼센트, 인도에서는 90퍼센트의 결혼이 부모의 뜻으로 이루어진다.

아이

지구인은 지구의 다른 모든 생명체처럼 번식을 한다.

현재 지구인 여성 1명당 2.25명의 아이를 낳고 있다. 지구의 역사를 통틀어 가장 적은 수이다.
50년 전에 지구인 여성 1명은 아이를 5명 낳았고, 그 전에는 7명을 낳던 시기도 있었다.

지구인의 임신 기간은 거의 9개월이다. 포유류 가운데 임신 기간이 가장 긴 것은 코끼리로 거의 2년에 달하고,
가장 짧은 것은 주머니쥐로 채 2주가 되지 않는다. 둘레가 막히지 않은 곳에 사는 동물들은 임신 기간이 더 길고, 막 태어난
새끼도 한 시간이 채 되지 않아 달릴 수 있다. 포유류 중 새끼를 구멍이나 굴에서 기르는 동물들은 임신 기간이 보통 더 짧다.

부유한 나라에서는 가난한 나라보다 보통 아이를 더 적게 낳는다. 대륙 가운데는 유럽에서 가장 적게 낳는데, 여성 1명당 1.5명이다.
가장 많이 낳는 대륙은 아프리카로 여성 1명당 4.2명이다. 아이를 가장 많이 낳는 나라는 나이지리아로 여성 1명당 6.9명이다.
소말리아에서는 여성 1명당 6명을 낳는다. 아이를 가장 적게 낳는 나라는 한국으로 여성 1명당 0.75명이다.

지구인 역사에서 가장 번식력이 높았던 여성은 18세기 러시아 농부의 아내로, 27번 출산에 69명의 아이를 낳았다고 한다. 16번은 쌍둥이를 출산했고, 7번은 세쌍둥이, 4번은 네쌍둥이를 낳았다.

지구인 역사가들은 가장 번식력이 높았던 남성으로 몽골의 지배자 칭기즈칸을 꼽는다. 그에게는 1000명이 넘는 자녀가 있었는데, 어떤 역사가는 무려 2000명에 이른다고 주장한다. 이 숫자를 바탕으로 계산해 보면, 현재 지구에는 그의 후손이 1600만 명 살고 있는 셈이다.

포유류 가운데서는 토끼가 새끼를 가장 많이 낳는다. 최대 360마리까지 낳는다고 한다. 가장 적게 낳는 포유류는 오랑우탄으로 최대 3마리를 낳는다.

막 태어난 지구인은 매우 약하고 스스로 아무것도 할 수 없다. 지구인 갓난아기의 몸무게는 보통 엄마의 22분의 1밖에 되지 않는다.

가장 큰 새끼를 낳는 동물은 기린이다. 기린 새끼의 무게는 엄마의 10분의 1이다. 지구에서 가장 키가 큰 동물이기도 한 기린은 서서 새끼를 낳는다. 그러므로 새끼는 2미터 아래로 떨어져도 괜찮을 만큼 자라 있어야 한다.

지구인 여성은 점점 더 나이 들어서 아이를 낳고 있다. 현재 평균 출산 연령은 29세이다. 과학자들은 보통의 여성이 15~30명의 아이를 낳을 수 있다고 말한다.

포유류 가운데 가장 작은 새끼를 낳는 것은 캥거루이다. 캥거루 새끼의 크기는 엄마의 10만 분의 1로, 무게는 1그램, 길이는 2센티미터쯤 된다. 새끼는 몇 달 동안 엄마의 배에 있는 주머니에서 산다.

지구인은 보통 엄마가 아이를 기르며, 아빠는 육아를 돕는다. 할머니 할아버지가 돕기도 한다. 아빠의 역할은 어떤 문화에서 사느냐에 따라 다르다. 엄마보다 아빠가 학교에 다니는 아이와 더 많은 시간을 보내는 나라는 핀란드 딱 하나뿐이다.

지구의 동물들을 보면, 아빠는 새끼 기르는 일을 거의 아무것도 하지 않는다. 그 일은 보통 엄마가 도맡는다. 어류는 예외다. 어류는 보통 새끼를 전혀 돌보지 않지만, 만약에 돌본다면 아빠가 그 일을 맡는다. 새들은 함께 새끼를 돌보는 것으로 잘 알려져 있다.

지구인 아이들은 오랫동안 부모의 보살핌이 필요하다.
독립해서 집을 떠나는 평균 나이는 27세이다.

여성은 남성보다 조금 더 일찍 독립한다.
스웨덴에 사는 지구인이 가장 일찍 독립하는데, 독립하는 평균 나이는 19세이다.

피부

지구인들의 몸 구조는 서로 같지만, 피부색은 서로 다르다.
검정부터 갈색, 베이지색, 살구색은 물론이고, 거의 흰색까지 있다.

지구인의 피부색을 결정하는 것은 피부 속에 있는 멜라닌이라는 색소이다.
멜라닌은 태양빛에서 피부를 보호하는데, 피부가 검을수록 보호가 더 잘 된다.

멜라닌을 만드는 것은 멜라닌 세포이다. 모든 지구인은 같은 개수의 멜라닌 세포를 가지고 있지만,
그 세포에서 만드는 멜라닌의 양은 서로 다르다. 멜라닌 색소가 뭉친 부분이 있는 지구인에게는 주근깨가 생긴다.

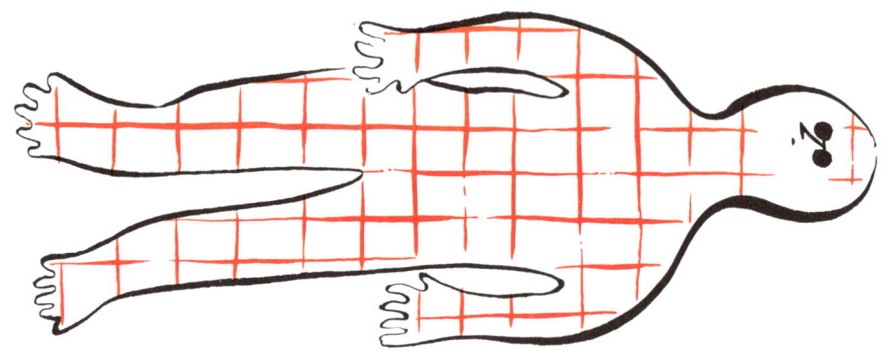

피부는 지구인의 가장 큰 기관이다. 성체 지구인의 피부는
모두 펼치면 약 2제곱미터이고, 무게는 9킬로그램쯤 된다.

지구의 어떤 동물들은 피부의 무늬와 색깔을 바꿀 수 있다.
주로 주변과 비슷하게 바꾼다. 지구인도 피부색이 달라진다.
몸을 세차게 움직이거나 부끄러울 때 그러하다.

몸에서 멜라닌 색소가 생겨나지 않아 눈, 피부, 털이
하얀 증상을 백색증이라고 부른다. 백색증이 있는
지구인은 아프리카에서 가장 많이 태어난다.

지구인의 일부는 지구인을 피부색에 따라 몇몇 종으로 나눌 수 있으며, 백인이라고 불리는 종이 다른 인종보다
더 뛰어나다는 완전히 잘못된 생각을 한다. '인종주의'라고 부르는 이런 생각은 식민주의와 노예 무역을 정당화하였다.

15세기에서 19세기까지 1억 2500만 명이 넘는 아프리카의 흑인들이 붙잡혀 아메리카 대륙에 노예로 팔려 나갔다.
자메이카와 아이티 인구의 90퍼센트 넘는 지구인이 아프리카 핏줄이다.

몇몇 지구인은 피부에 그림과 글씨로 장식을 하는데, 이를 문신이라 한다. 지구인은 수천 년 동안 그렇게 해 왔다. 어떤 문화권에서는 권력층만 문신을 할 수 있었고, 다른 문화권에서는 반대로 노예나 죄인들에게 문신을 새겼으며, 조직폭력배나 죄수만이 스스로 원해서 문신을 하기도 했다. 한때 왕과 해적들이 하던 문신을 이제 지구인의 절반 정도가 하고 있다.

아프리카 대륙에 살던 지구인의 조상은 털로 뒤덮인 백인이었다. 오랜 시간이 흐르면서 빽빽한 털이 빠지고 피부가 햇빛에 그대로 드러나자, 햇빛으로부터 몸을 지키려고 멜라닌 색소가 늘어 지구인의 피부는 검어졌다. 그 뒤로 아프리카 대륙 바깥으로 옮겨 살면서 지구인들은 다양한 세기의 햇빛에 적응해야 했다. 북쪽으로 이동한 지구인들의 검은 피부는 약한 햇빛에서 비타민 D를 만들기 어려웠다. 그래서 피부가 하얗고 붉은 머리에, 파랗거나 초록색인 눈을 가진 지구인들이 나타나기 시작했다. 현재 지구인의 피부색은 그들의 조상이 어디에 살았느냐에 따라 서로 다르다. 남쪽의 햇볕 아래에서 살았을수록 색이 짙고, 북쪽의 추위에 떨었을수록 하얗다.

이탈리아인의 28퍼센트, 스웨덴인의 47퍼센트, 미국인의 46퍼센트는 몸에 한 개 이상 문신이 있다.
문신을 하는 지구인의 70퍼센트에는 두 개 이상 문신이 있다. 문신은 이슬람과 유대교에서는 금지되어 있다.

눈

지구인의 몸에서 눈보다 복잡한 기관은 뇌뿐이다.

지구인의 뇌에 전달되는 정보는 대부분 이미지이다.
지구인은 자기 눈으로 본 것을 읽거나 들은 것보다 훨씬 잘 기억한다.

  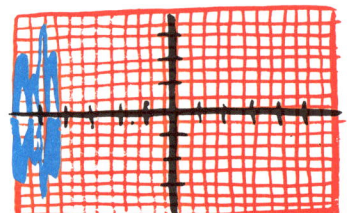

뇌는 이미지를 글보다 6만 배 더 빨리 처리한다. 지구인이 배우는 것의 80퍼센트는 눈을 통해서 이루어진다.
지구인은 자기가 본 것의 80퍼센트를 기억하고, 읽은 것의 20퍼센트, 들은 것의 10퍼센트를 기억한다.

지구인 4명 가운데 1명은 눈이 좋지 않다. 47세가 지나면 거의 모든 지구인이
글을 읽기 위해 안경이 필요하다. 젊은 지구인들의 시력은 점점 나빠지고 있다.
화면을 너무 오래 들여다보는 탓에 눈이 고생하기 때문이다.

지구인은 보통 100만 가지 색을 본다. 하지만 모든 지구인이 색을 똑같이 보는 것은 아니다.

100명의 지구인 여성 가운데 최소한 2명은 1억 가지 색, 그러니까 보통 사람보다 100배나 많은 색을 볼 수 있다.

100명의 지구인 남성 가운데 8명은 색맹이다. 초록색을 볼 수 없으며 빨강, 주황, 노랑을 잘 구별하지 못한다.

지구인 여성 가운데 12퍼센트가 1억 가지 색을 볼 수 있는 유전자를 가지고 있다. 이런 능력을 '사색형색각'이라고 한다.
지구인 남성의 8퍼센트가 색맹이지만, 여성은 0.5퍼센트만 색맹이다.

지구인의 눈 색깔은 대부분 고동색이거나 옅은 갈색이다. 푸른 눈은 그보다 많이 적고,
초록 눈은 100명의 지구인 가운데 2명쯤에서 나타난다.

눈 양쪽의 색깔이 다른 지구인도 있다. 이를 홍채이색증이라고 부르는데,
사람보다는 허스키 개와 페르시안 고양이에서 흔하다.

눈의 구조

지구인의 눈은 공 모양이다. 그러나 보이는 것은
그 일부분일 뿐이다. 나머지 부분은 머리뼈 안에 들어 있다.

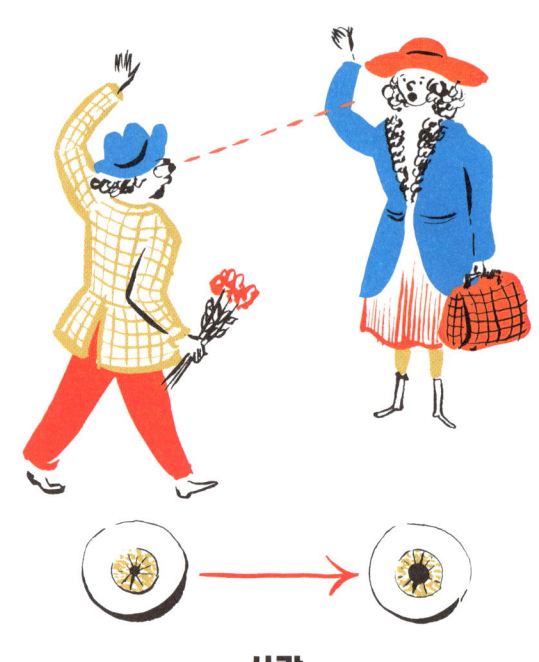

사랑

지구인은 사랑하는 사람을 보면 눈동자가 커진다.

고동색 눈은 지구인의 79퍼센트, 옅은 갈색 눈은 10퍼센트, 푸른 눈은 9퍼센트, 초록 눈은 2퍼센트에서 나타난다.
눈의 드러난 부분은 전체의 17퍼센트에 지나지 않는다.

옛 해적들은 금귀걸이를 하면
눈이 더 잘 보인다고 믿었다.

고대 마야인은 사시인 사람이 더 매력 있고 운이 좋다고 생각했다.
그래서 마야 엄마들은 아기의 눈 바로 앞에 흔들리는 장난감을
걸어 놓아 아이 눈을 사시로 만들고자 했다.

눈의 개수

지구의 몇몇 동물은 눈이 여러 개다. 거미와 전갈은 4쌍에서 6쌍의 눈을 가지고 있다. 가리비는 200개에 이르는
푸른 눈을 가지고 있다. 사마귀에는 눈이 5개 있다. 머리 양쪽에 커다란 눈 2개와 머리 가운데에 작은 눈 3개가 있다.

눈이 2개면 깊이를 보는 데에 도움이 된다. 뇌는 양쪽 눈으로 들어오는 모습을 비교하며 깊이를 계산한다. 지구인의 신화에는 2개가 넘는 눈을 지닌 존재들이 나온다. 힌두교의 신 시바에게는 이마에 난 세 번째 눈이 있고, 그리스의 거인 아르고스에게는 무려 100개의 눈이 있다. 최고 기록을 보유한 존재는 이슬람의 죽음의 천사 아즈라일이다. 4개의 얼굴, 4000개의 날개, 7만 개의 발이 있는 아즈라일에게는 지구의 전체 인구와 똑같은 수의 눈과 혀가 달려 있다.

세 번째 눈, 다시 말해 정수리에 난 두정안은 한때 여러 동물에 있었지만, 지금은 몇몇 파충류에만 남아 있다.
현재의 파충류와 조류, 포유류에 있는 솔방울샘은 두정안이 퇴화한 흔적이다.

털

지구인은 머리에만 털이 있는 것이 아니다.

지구인에게는 친척인 침팬지와 똑같이 약 500만 가닥의 털이 나 있지만, 언뜻 보면 잘 보이지 않는다.
지구인이 반질반질하게 보이는 것은 지구인의 털 대부분이 아주 짧고 가늘어서 잘 보이지 않기 때문이다.

지구인의 털은 팔꿈치, 이마, 귀에 이르기까지 거의 어디에나 난다.
털이 없는 부분은 손바닥과 발바닥, 입술뿐이다.

가장 길고 가장 뻣뻣하며 가장 잘 보이는 털은 지구인의 머리 위쪽에
자란다. 얼굴에 난 털인 눈썹과 속눈썹은 멀리서도 보인다.

머리카락은 금발의 지구인에겐 15만 가닥, 빨강머리 지구인에겐 9만 가닥, 검은머리나 갈색머리 지구인에겐 10만에서 11만 가닥이 있다.
속눈썹은 위쪽 눈꺼풀에 150가닥, 아래쪽 눈꺼풀에 75가닥이 있다. 눈썹 한쪽에 난 털은 250가닥이다.

성체 지구인에게는
턱수염이나 콧수염, 겨드랑이 털이 있다.

모든 지구인에게 똑같이 털이 나 있는 건 아니다. 아이와
노인의 털은 중간 나이 지구인의 털보다 더 가늘고 약하다.

남자의 털이 여자의 털보다 더 북슬북슬하다. 어떤 남자는
팔, 다리, 등, 몸통에 난 털이 침팬지의 털만큼이나 굵고 길다.

지구인의 머리카락은 살아 있는 동안 계속 나며
한 달에 1센티미터쯤 자란다. 머리카락을
허리까지 기르는 데는 6년이 채 걸리지 않는다.

색깔

지구인의 머리카락 색 가운데 검정과 갈색이 가장 흔하다.
머리카락이 밝은 색인 지구인은 드물다. 빨강머리가 가장 적다.

지구인의 2퍼센트가 금발이며, 그 가운데 45퍼센트는 유럽에 산다. 북유럽의 발트해 주변에 특히 많은데, 핀란드인의 80퍼센트가 금발이다.
지구인의 1퍼센트만 빨강머리이며, 대부분 서유럽에 산다. 아일랜드(인구의 10퍼센트)와 스코틀랜드(인구의 9퍼센트)에 가장 많다.

나이가 들면 지구인의 머리카락은 색이 옅어져서 회색이나 흰색이 된다. 머리가 빨리 세는 지구인도 있다. 어릴 때 머리가 하얘지는 경우도 있는데, 보통 공포나 스트레스 때문이다.

지구인은 머리카락이 곧거나, 곱슬거리거나, 가늘거나, 굵거나, 많거나, 적을 수 있다. 부모에게 물려받은 유전자가 이를 결정한다.

머리 모양새에 담긴 정보

지구인의 머리카락은 원래 추위나 햇볕으로부터 머리를 보호하는 역할을 했다.
시간이 흐르며 머리카락에 뜻이 담기기 시작했다. 지구인의 머리 모양새는 많은 것을 말해 준다.
어떤 종족인지, 어떤 종교를 믿는지, 어떤 음악을 듣는지, 전사인지 아닌지, 어떤 성별인지, 몇 살인지, 부자인지 가난한지까지.

1950년에는 지구인의 7퍼센트가 머리카락을 염색했지만, 지금은 여성 75퍼센트와
남성 10퍼센트가 염색을 한다. 염색하는 색의 35퍼센트는 금색이다.

지구인은 유행을 좇아 몸의 털을 없애기도 한다. 고대 시대부터 털이 없는 매끈한 피부는 상류층의 상징이었다. 100년 전부터 광고에서는 다리털과 겨드랑이털을 밀도록 부추겨 왔다. 어떤 지구인은 규칙적으로 털을 밀고, 어떤 지구인은 털에 신경 쓰지 않는다. 어떤 지구인은 유행을 따르지 않는다는 뜻으로 털을 밀지 않기도 한다.

자신의 머리카락 색에 만족하지 못하는 지구인은 여러 가지 재료로 염색한다. 예전에는 비둘기 똥과 말 오줌으로 염색하기도 했다.

지구인에게서는 하루에 50가닥에서 100가닥의 머리카락이 빠진다. 빠진 자리에는 새 머리카락이 난다.

지구인의 머리카락은 젖으면 길어진다.

대머리

어떤 지구인은 나이가 들면 머리카락이 빠져 대머리가 된다. 아시아인, 남아메리카인, 아프리카인에서보다 유럽 백인에서 대머리가 훨씬 더 많다. 중국인에서 대머리가 가장 적으며, 북아메리카 원주민에서는 대머리가 아예 없다. 대머리가 되지 않는 지구인은 보통 수염도 적고 몸의 털도 많지 않다.

50세 이후의 남성 가운데 80퍼센트에서 탈모가 진행된다(훨씬 더 일찍 시작하기도 한다).
여성에서는 40퍼센트에서 탈모가 진행된다.

키

지구인은 사는 동안 키가 변한다.
처음에는 키가 자라다가, 늙어서는 줄어든다.

지구인은 작게 태어난다. 갓난아기는 50센티미터쯤 된다.
태어나서 처음 1년 동안 가장 빨리 자란다.

지구인의 키는 밤에 잠잘 때 자란다. 그래서 지구인 부모는
밤에 잠자는 아이들을 깨우지 않으려 한다.

마흔 살이 지나면 지구인은 조금씩 쪼그라든다. 하지만 모두 똑같은 속도로 키가 줄어드는 것은 아니다. 운동을 열심히 하고, 몸이 유연하고, 잠을 잘 자고, 음식을 잘 먹으면 더 천천히 줄어든다.

지구인의 키는 하루 동안에도 변한다. 잠자러 갈 때는
키가 1센티미터 줄어 있고, 일어났을 때는 1센티미터 늘어 있다.

열 살짜리 지구인 남녀의 평균 키는 똑같이 138센티미터쯤이다. 1년이 지나면 여자아이들은 더 빨리 자라기 시작해서 남자아이들보다 보통 2센티미터쯤 더 커진다. 2~3년 뒤에는 남자아이들이 더 커지고, 그 상태가 쭉 이어진다. 지구인은 18세쯤까지 키가 자란다.

남자는 여자보다 크다. 성체 지구인의 평균 키는 남자가 175센티미터이고, 여자는 162센티미터이다.

성별에 따른 키 차가 어디에서나 같은 것은 아니다. 마케도니아에서 여자는 남자보다 16센티미터쯤 작아서 키 차가 뚜렷하게 난다. 이와 달리 감비아에서는 남자가 6센티미터밖에 더 크지 않다.

지구인 가운데 네덜란드인이 가장 크다. 평균 키가 183센티미터나 된다. 인도네시아, 볼리비아, 필리핀, 베트남, 캄보디아 사람들의 평균 키는 158센티미터로 지구에서 가장 작다.

현재의 지구인은 100년 전 살았던 조상들보다 평균 8~9센티미터 더 크다. 건강과 영양 상태가 더 좋아진 덕분이다. 역사를 살펴보면, 지구인의 키가 커진 때도 있었고 작아진 때도 있었다. 유럽에서 후기 구석기 시대의 남자는 지금보다 더 크고 날씬했으며, 평균 179센티미터였다. 여자는 158센티미터였다. 지구인이 농경과 목축을 시작한 신석기 시대에 남자는 165센티미터, 여자는 150센티미터로 키가 작아졌다. 중세 시대에 지구인은 다시 키가 커져서 남자는 173센티미터, 여자는 157센티미터가 되었다. 19세기 초의 지구인은 유난히 몸집이 작았는데, 남자는 163센티미터, 여자는 152센티미터였다.

몸무게

지구인의 몸무게는 키, 성별, 나이, 건강, 신체 활동, 유전자, 식욕에 따라 다르다.

지구인의 몸무게는 평균 62.6킬로그램이다. 대륙에 따라 몸무게가 많이 다른데, 북아메리카의 지구인이 가장 무겁고, 아시아의 지구인이 가장 가볍다.

지구인 10명 가운데 4명이 과체중이다.

지구인 10명 가운데 1명만이 저체중이다. 먹는 데 장애가 있거나, 병에 걸렸거나, 굶주렸기 때문이다.

지구인은 점점 더 무거워지고 있다. 너무 많이, 너무 기름지게, 너무 달게 먹고, 거기에 더해 거의 움직이지 않기 때문이다.

성체 지구인의 39퍼센트가 과체중이고(남성과 여성의 비율은 거의 같다), 18세가 안 된 지구인에서는 18퍼센트가 과체중이다. 지구인이 죽는 원인 가운데 8퍼센트가 과체중과 비만이다. 굶어서 죽는 지구인은 1퍼센트이다.

역사를 통틀어 지구인이 굶주림에서 벗어난 적은 거의 없었다. 100년 전만 해도 지구인에게 비만은 문제로 여겨지지 않았다.
100명 가운데 1명만 비만이었기 때문이다. 그런데 그로부터 50년이 흐른 뒤에 10명 가운데 1명으로 비만이 늘었다.
지구인의 몸무게가 이렇게 계속 늘어난다면, 2050년에는 지구인 2명 가운데 1명이 비만일 것이다.

근육은 지방보다 무겁다. 따라서 운동선수는
비슷한 체격에 별로 움직이지 않는 사람보다 더 무겁다.

여자는 남자보다 지방 세포가 더 많다.
그래서 몸집이 비슷해도 더 가볍다.

현재 많은 지구인이 살을 빼고 싶어 한다.
자기 몸무게를 받아들이지 못하여 마음에 병이 생기고
식사 장애로 고통받는 이가 점점 늘고 있다.

이와 달리 먹을 것이 부족했던 구석기 시대의 지구인은,
몸무게가 최대한으로 느는 것을 꿈꿨다. 생활이 넉넉해야
살을 찌울 수 있기 때문이다. 넓은 엉덩이와 두툼한 배를 가진
여성 조각상들이 그 꿈의 증거이다.

지구인 여성의 80퍼센트가 자기 몸무게를 받아들이지 않는다. 지구인의 9퍼센트가 식사 장애로 고통받는다.
먹기를 거부하거나 두려워하는 거식증, 한꺼번에 지나치게 많이 먹은 다음 토하는 신경성 폭식증이 가장 흔한 식사 장애이다.
거식증에 걸린 사람의 65퍼센트와 신경성 폭식증에 걸린 사람의 83퍼센트가 12세에서 26세이다.

장애

지구인 100명 가운데 15명에게는
타고났거나 살다가 생긴 크고 작은 장애가 있다.

장애의 절반은 막을 수 있다. 가난이 원인이기 때문이다. 가난한 나라에 장애인이 더 많다.

장애가 있는 지구인이 점점 더 많아지고 있다. 지구인이 점점 더 오래 살기 때문이다.
60세 이상의 지구인 가운데 절반 이상이 크든 작든 장애를 안고 산다.
평균 기대수명이 70세가 넘는 나라에서 지구인은 보통 8년쯤 장애를 안고 산다.

지구인의 3.4퍼센트는 보지 못하고, 6퍼센트는 듣지 못하며, 3퍼센트에는 지적 장애가 있고,
10퍼센트에는 운동 장애가 있다. 지구인이 안고 사는 장애의 80퍼센트는 눈에 보이지 않는다.

장애인 차별이란 장애인을 싫어하고 꺼리거나, 의도적으로나 무의식적으로 장애인을 불공평하게 대하는 것이다. 지구인은 장애인에게 필요한 것을 무시할 때가 있다. 예를 들어 건물을 장애인이 쓸 수 있도록 바꾸지 않는 것인데, 이것도 장애인 차별이다.

지구인의 신화에는 장애인이 많이 나온다. 멕시코의 고대 문명인 아즈텍의 신 테스카틀리포카는 싸우다 잃은 한쪽 발을 뱀의 몸으로 대신한다. 북유럽의 신 티르는 거대한 개 펜리르에게 물려 한쪽 손이 없다. 오딘의 아들 호드는 보지 못하는 장애를 안고 태어났다. 그리스의 불의 신이자 대장장이이며, 헤라와 제우스의 아들인 헤파이스토스는 다리에 장애가 있어 걷기 힘들어했다. 그는 휠체어와 비슷하게 생겼으며 날개까지 달린 멋진 수레를 만들어 타고 다녔다. 또 황금으로 네 명의 시녀를 만들어 자신이 걷거나 일할 때 돕도록 했다. 헤파이스토스는 가장 아름다운 여신 아프로디테와 결혼도 했다.

장애인이 일할 수 없다면 지구 전체 생산량의 3~7퍼센트가 줄어든다. 텔레비전과 영화에 나오는 지구인 역할 가운데 겨우 2퍼센트만 장애인이다. 그 연기마저 95퍼센트는 비장애인이 하고 있다.

오른손잡이와 왼손잡이

지구인은 대부분 오른손으로 글을 쓰고 밥을 먹지만, 왼손으로 하는 사람도 있다.
또 양손을 번갈아 가며 쓰는 지구인도 있다.

100명의 지구인 가운데 85명이 오른손을 더 편하게 쓰고, 14명은 왼손을 더 편하게 쓰며, 1명은 양손을 가리지 않고 쓴다.
오랜 시간 동안 지구인들은 왼손 쓰는 것을 단점이나 나쁜 습관으로 생각했다. 40년 전만 해도 지구의 모든 기구는
오른손잡이에 맞춰져 있었으며, 집과 학교에서는 왼손잡이 아이들에게 오른손을 쓰도록 강요했다.

동물들은 지구인보다 몸 왼쪽을 더 잘 쓴다. 캥거루는 대부분 왼발을 더 많이 쓴다. 개에서는 오른발잡이, 왼발잡이,
양발잡이가 고르게 관찰된다. 그래서 지구인이 개에게 발을 내밀어 보라고 했을 때, 개가 어느 쪽을 내밀지는 알 수 없다.

고대 잉카인은 왼손잡이를 신의 선물이라고 생각했다. 왼손잡이에게 마법의 힘과 아픈 사람을 고치는 능력이 있다고 믿었다.

중세 유럽인들은 왼손잡이가 악마에게 홀렸으며 마법을 부린다고 의심했다. 천사 루시퍼가 지옥으로 떨어지기 전에 신의 왼편에 앉았기 때문에, 악마는 왼손잡이라고 생각했던 것이다.

왼쪽 길, 오른쪽 길

지구인은 도로에서 자동차가 어느 쪽 길로 가야 하는지 하나로 정하지 못했다. 오른쪽 길로 가는 나라는 165개이다. 왼쪽 길로 가는 나라는 75개이며, 오스트레일리아, 인도, 영국, 아일랜드, 일본, 인도네시아, 태국, 케냐, 남아프리카공화국, 뉴질랜드, 자메이카 등이 그렇다.

옛날에 지구인은 길의 왼쪽으로 다녔다. 그때는 칼을 차고서 말을 타고 다닐 때가 많았는데, 수가 많았던 오른손잡이들이 적과 마주쳤을 때 오른팔을 쓰기 편하도록 길 왼쪽으로 다녔기 때문이다. 또 몸 왼쪽에 찬 칼집이 반대편에서 오는 사람에게 부딪히지 않도록 하기 위함이기도 했다. 프랑스 혁명이 일어나기 전, 귀족들은 길 왼쪽으로 달렸고 농민들은 길 오른쪽을 쓰게 했다. 혁명이 일어난 뒤, 귀족들은 눈에 띄지 않으려고 농민들과 함께 길 오른쪽을 사용하기 시작했다. 왼손잡이이던 나폴레옹은 혁명으로 바뀐 세상을 지지하며, 자기가 정복한 모든 나라에서 우측통행을 실시했다. 영국은 이에 반대하며 좌측통행을 이어 갔고, 이에 따라 영국의 모든 식민지에서도 좌측통행을 하게 되었다. 일본의 좌측통행은 오른손잡이 사무라이와 그들의 칼을 향한 존중의 표시이다. 스웨덴은 1967년에 국민들의 반대를 무릅쓰고 우측통행을 도입했다.

음식

식물은 스스로 양분을 만든다.
지구인은 동물이어서 삶에 필요한 에너지를 얻기 위해 먹어야만 한다.

지구인은 동물과 식물을 가리지 않고 먹는다. 모든 지구인이 같은 것을 먹지는 않는다.
지구인의 음식은 사는 장소에 따라, 문화와 종교, 맛에 따라 달라진다.

식물

지구인은 머나먼 옛날부터 식물을 수로 먹어 왔다.
지구인은 먹을 수 있는 식물을 5만 가지나 알고 있다.

지구인의 음식에서 중요한 세 가지 식물은 쌀, 옥수수, 밀이다.

지구인 한 명당 해마다 평균 채소 140킬로그램과
과일 69킬로그램을 먹는다. 지구인이 가장 좋아하는 과일은
바나나이다. 한 명당 보통 1년에 바나나 13킬로그램을 먹는다.

지구인의 75퍼센트는 고기를 자주 먹고, 11퍼센트는 식물만 먹는 채식주의자나 비건이다.
14퍼센트는 주로 채식을 하지만 어쩌다가 고기나 해산물을 먹는다.

지구에서 가장 인기가 많은 채소는 토마토이다(지구인 식물학자는 토마토를 과일이라고 하지만, 보통 지구인들은 토마토를 채소로 여긴다).

미국인 한 명당 1년에 토마토를 42킬로그램 먹는데, 대부분은 피자에 올려 먹거나 파스타에 넣어 먹는다.

토마토를 가장 많이 먹는 지구인은 그리스인으로, 한 명당 해마다 토마토를 104킬로그램이나 먹는다.

고기

지구인은 대부분 어류, 조류, 포유류의 고기를 먹는다.
지구인은 죽어 있는 동물을 찾아 먹는 것으로 육식을 시작했다.
1만 3000년 전에 지구인은 먹기 위해 동물을 기르기 시작했다.

고기를 가장 많이 먹는 나라는 미국과 오스트레일리아로, 한 사람이 1년에 103킬로그램이나 먹는다.
가장 적게 먹는 나라는 인도와 방글라데시로, 한 사람이 1년에 5킬로그램을 채 먹지 않는다.

곤충

지구인의 4분의 1은 곤충을 먹는다. 곤충은 맛있고 건강에 좋다. 곤충에는 포유류나 조류의 고기보다 더 많은 단백질과 몸에 좋은 지방, 비타민이 들어 있다. 곤충을 기르기 위해 숲을 자르고 목장을 만들지 않아도 되고, 물도 거의 필요하지 않다. 곤충은 온실가스나 똥과 오줌을 내뿜지도 않는다.

지구인은 먹을 수 있는 곤충을 2000가지나 알고 있다.

곤충의 맛을 아는 지구인은 아시아, 아프리카, 남아메리카와 오스트레일리아에 살고 있다. 동남아시아에서 곤충은 중요한 음식 재료이다. 노점상뿐만 아니라 식당에서도 귀뚜라미와 바퀴벌레 요리를 판다.

남아메리카의 극장 가운데는 팝콘 대신 구운 개미를 파는 곳도 있다. 나이지리아에서는 초콜릿을 씌운 꿀벌이 인기 있고, 일본 천왕 히로히토는 바삭바삭한 말벌과 섞은 쌀밥을 즐겨 먹었다.

지구인의 25퍼센트가 곤충을 먹는다. 딱정벌레(31퍼센트), 애벌레(17퍼센트), 꿀벌, 말벌, 개미(각 15퍼센트), 메뚜기, 귀뚜라미, 여치(각 13퍼센트), 매미(11퍼센트), 흰개미(3퍼센트), 잠자리(3퍼센트), 파리(2퍼센트), 그 밖의 곤충들(5퍼센트) 순서로 즐겨 먹는다.

지구인은 스스로 생산하는 전체 음식물의 3분의 1인 13억 톤을 해마다 버린다. 수확한 과일과 채소는
절반을 버리고, 잡은 어류와 밥은 3분의 1을 버린다. 우유와 커틀릿, 빵은 5분의 1을 버린다.

먹는 방법도 가지가지

지구인은 여러 가지 자세로 먹는다. 의자에 앉아서, 누워서, 서서, 쭈그리고 앉아서 먹는다.

음식은 여러 도구를 이용해 입으로 넣는다.
손으로 먹는 사람, 젓가락으로 먹는 사람,
포크와 칼로 먹는 사람의 숫자는 거의 비슷하다.

칼은 지구인이 가장 처음 쓴 도구 중 하나이다.
동아시아의 거의 모든 나라에서는 식탁에서 칼을 쓰지 않는다.
칼이 음식을 먹는 도구가 아닌 무기로 여기기 때문이다.

지구인 한 명이 버리는 음식물은 1년 평균 115킬로그램이다. 사우디아라비아(250킬로그램), 인도네시아(182킬로그램), 유럽(131킬로그램)
순서로 많이 버리고, 사하라 사막 남쪽의 아프리카와 동남아시아의 나라들(6~11킬로그램)에서 가장 적게 버린다.

동아시아에 사는 지구인들은 젓가락을 쓴다.
중국, 일본, 한국, 대만과 베트남 사람들이 그러하다.

젓가락은 5000년 전 중국에서 발명되었다.
젓가락은 처음에 음식을 젓거나 집을 때 쓰던 나뭇가지였다.

젓가락으로 그릇을 두드리거나 누군가를 가리키는 것은 예의 없는 행동으로 여겨진다. 또한 음식에 젓가락을 꽂아서도 안 된다.

손으로 음식을 먹는 지구인은 인도, 동남아시아(태국, 캄보디아, 라오스), 그리고 대부분의 아프리카 사람들이다.

중국에서는 해마다 일회용 젓가락을 800억 쌍이나 만든다. 그러기 위해 나무 약 2000만 그루가 베인다.

손으로 음식을 먹는 지구인은 손가락을 모아 숟가락처럼 만들어 음식을 집은 다음 입으로 가져가서 엄지손가락으로 입속에 밀어넣는다. 그리고 식사 앞뒤로 꼭 손을 씻는다.

이슬람교를 믿는 무슬림은 오른손으로만 음식을 먹을 수 있다. 왼손은 더럽다고 여겨서 음식을 만지거나 식탁에 올려놓을 수 없다. 왼손은 식탁 아래 두거나 무릎에 올려놓아야 한다.

포크와 칼은 주로 유럽, 오스트레일리아, 북아메리카 사람들이 쓴다.

포크와 칼을 쓰는 방법에는 유럽식과 미국식이 있다. 유럽식은 오른손으로 칼을 잡고 왼손으로 포크를 잡는다. 포크로 음식을 입에 넣고, 칼은 음식을 자르거나 포크에 음식을 올리는 데 쓴다. 미국식은 왼손에 포크, 오른손에 칼을 쥐고 음식을 썬 뒤 칼을 내려 두고, 오른손으로 옮겨 쥔 포크로 음식을 먹는다.

지구인들은 음식을 먹을 때 보통 숟가락 앞쪽을 입에 넣는다. 하지만 영국인은 숟가락 옆쪽을 써서 수프를 먹는다. 필리핀에서는 숟가락으로 음식을 자른다. 태국인은 포크와 숟가락을 쓴다. 포크로 음식을 숟가락에 올린 다음, 숟가락에 놓인 음식을 입으로 가져가 먹는다.

지구인의 35퍼센트가 음식을 먹을 때 손을 쓰고, 30퍼센트는 젓가락을 쓰며, 35퍼센트는 포크와 칼을 쓴다.

잠

지구인은 살아 있는 시간의 3분의 1, 그러니까 평생 25년 넘게 잔다.

지구인은 나이가 들수록 잠을 덜 잔다. 갓난아기는 하루에 17시간을 자고, 유치원생은 12시간, 학교에 다니는 아이들은 10시간, 십 대는 9시간, 성인은 8시간, 노인은 6시간을 잔다. 성체 지구인은 잠이 부족하면 피로를 느끼고 술에 취한 듯 몽롱한 상태가 된다. 이와 달리 졸린 아이들은 활동이 왕성해지며 쉽게 화를 낸다.

지구인은 모두 꿈을 꾸지만, 깨어난 후엔 꿈을 잘 기억하지 못한다.
지구인 과학자들은 지구인이 매일 약 2시간 동안 4편에서 6편의 꿈을 꾼다고 말한다.

지구인은 개가 나오는 꿈, 임신에 관한 꿈,
이가 빠지는 꿈, 뱀 꿈, 하늘을 날거나 추락하는 꿈,
사람들 앞에서 발가벗고 있는 꿈을 더 잘 기억한다.

지구인의 3분의 2는 가끔 잠꼬대를 한다. 100명 가운데
5명은 자면서 돌아다닌다. 3살에서 6살 사이의 어린이 절반과
6살에서 12살 사이의 어린이 5분의 1이 악몽을 꾼다.

지구인의 3분의 1은 코를 고는데, 나이가 많은 지구인이
더 심하게 곤다. 코를 골 때 지구인은 잠을 깊이 자는 것이 아니다.

지구인이 자는 시간은 점점 짧아지고 있다. 1942년에 미국인은
하루에 평균 7.9시간을 잤는데, 2013년에는 6.8시간으로 줄었다.
한 시간만 더 자면 지구인은 더 행복하고 건강해질 수 있다.

지구인이 잠자는 자세는 여러 가지다. 100명 가운데 42명은 웅크리고 자고, 25명은 옆으로 누워 자고, 13명은 만세 자세로 자고,
7명은 똑바로 누워 양손을 옆에 두고 자고, 7명은 엎드려 자고, 6명은 팔다리를 대자(大, 큰 대)로 펼치고 잔다.
대자로 자는 사람이 자리를 가장 많이 차지한다.

지구인은 깨어나자마자 꿈의 95퍼센트를 잊는다. 지구인의 12퍼센트는 흑백 꿈을 꾼다고 말한다.
성체 지구인의 65퍼센트가 수면 장애를 겪는데, 그 가운데 20퍼센트는 불면증에 시달리고 80퍼센트는
더 잘 자고 싶어 한다. 60세를 넘긴 여자의 40퍼센트와 남자의 60퍼센트는 자주 코를 곤다.

위생

지구에 사는 다른 모든 동물과 마찬가지로
지구인은 위생에 힘쓴다.

동물들은 몸을 깨끗하게 하고 기생충을 없애는 방법을 수도 없이 알고 있다. 고양이는 털을 핥고, 코뿔소는 진흙에서 뒹굴고, 코끼리와 새는 모래 목욕을 하고, 곰은 물에서 수영을 하고, 원숭이는 털을 고른다. 지구인은 물과 비누로 몸을 씻는다.

지구인은 날마다 욕실에 6번에서 8번 들어간다.

지구인의 71퍼센트(사하라 사막 남쪽의 아프리카에서는 26퍼센트)가 집에서 물을 쓰고 있다.

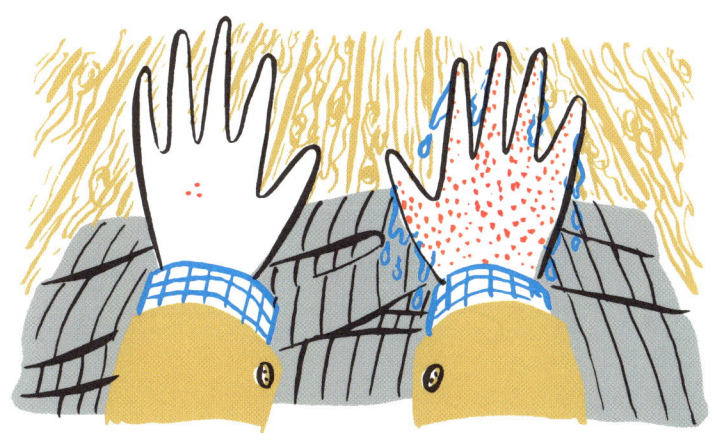

물과 비누로 손 씻기는 위험한 병균을 없애는 가장 쉬운 방법이다. 지구인은 보통 손이 더러워졌을 때만 씻는다. 화장실에서 볼일을 본 뒤 손을 씻는 지구인은 5명 가운데 1명밖에 되지 않는다.

젖은 손은 마른 손보다 1000배 더 많은 세균을 옮긴다.

이 닦기

현재 지구인은 대부분 칫솔과 치약으로 이를 닦는다. 과거에는 대부분 나뭇가지로 이를 닦았다. 나뭇가지 끝을 부드럽게 만든 다음 이를 하나하나 문질렀다. 또한 손가락, 동물의 털과 뼈, 깃털, 산미치광이의 가시로도 이를 깨끗이 했다.

지구인의 절반은 지구인 치과 의사들이 권장하는 대로 하루에 이를 두 번 이상 닦는다. 100명 가운데 2명은 아예 이를 닦지 않는데, 이는 치과 의사들이 권장하는 행동이 아니다.

여러 동물이 이를 깨끗이 하기 위해 나뭇가지나 나무껍질, 풀 등을 씹는다. 동물의 먹이에는 산도 당도 들어 있지 않아서 동물들은 충치를 걱정할 필요가 없다.

지구인의 질병 가운데 80퍼센트는 접촉으로 퍼진다. 손에 있는 병균의 90퍼센트는 손톱 밑에 있다

목욕

지구인은 일주일에 평균 5번 목욕한다. 목욕을 가장 자주하는
지구인은 일주일에 평균 14번 목욕하는 브라질 사람들이다.

간단한 샤워를 하면 욕조에 물을 받아 목욕할 때보다 물을 아낄 수 있다. 그러나 샤워를 오래한다면,
욕조의 물을 여러 명이 함께 쓰거나 욕조에 물을 꽉 채우지 않고 하는 목욕보다 물을 더 쓸 수도 있다.

지구인 5명 가운데 3명이 샤워할 때 노래나 콧노래를 부른다.

브라질인의 98퍼센트는 욕조 목욕보다 샤워를 좋아하고, 일본인의 75퍼센트는 욕조 목욕을 더 좋아한다.
욕조 목욕은 평균 30분 걸리고, 샤워는 평균 13분 걸린다. 샤워를 10분 안쪽으로 하면 욕조 목욕보다 물을 덜 쓸 수 있다.

화장실

지구인 절반은 안전한 화장실을 쓴다. 안전한 화장실은 지구인의 건강을 해치지도, 환경을 더럽히지도 않는다. 100명 가운데 6명은 그냥 바깥에서 대소변을 본다.

지구인 한 명이 평생 쓸 화장지를 만들기 위해서는 나무 384그루를 베어야 한다.

지구인의 60퍼센트는 쭈그리고 앉아서, 40퍼센트는 양변기에 앉아서 대소변을 본다. 지구인 10명 가운데 7명은 똥을 싼 후에 엉덩이를 물로 씻고, 3명은 화장지를 쓴다. 에리트레아, 니제르, 차드 사람의 70퍼센트가 화장실을 사용하지 않고 바깥에서 대소변을 본다. 일본에서는 그와 정반대로 모든 사람이 화장실을 이용한다.

수명
지구인은 평균 73년을 산다.

지구인 절반은 일을 하는 성인이다. 나머지 절반은 어린이, 청소년, 노인이다.

아이가 훨씬 많은 나라도 있고, 노인이 훨씬 많은 나라도 있다.

지구인의 26퍼센트는 15세 아래이며, 15퍼센트는 15세부터 25세, 50퍼센트는 25세부터 65세이고, 9퍼센트는 65세를 넘겼다.
나이지리아는 인구의 44퍼센트가 15세 아래이고, 65세 이상은 3퍼센트밖에 되지 않는다.
일본은 어린이와 청소년이 13퍼센트밖에 안 되고, 노인은 전체 인구의 3분의 1이다.

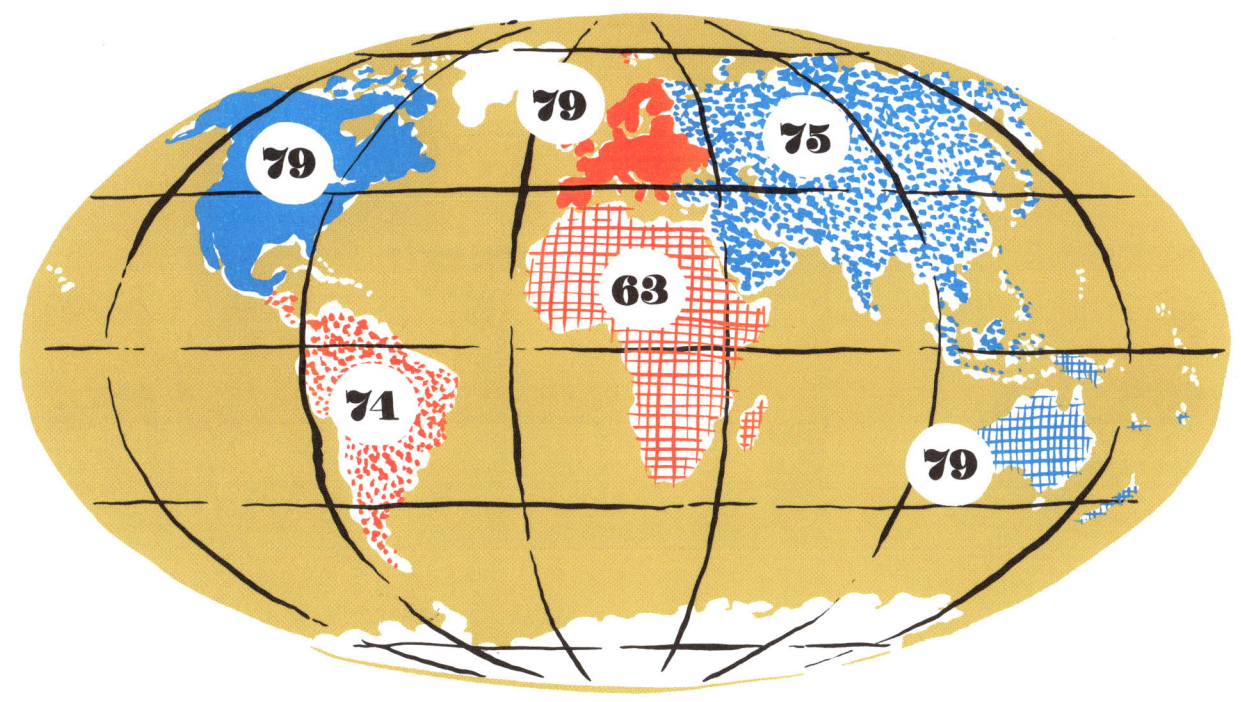

남자는 평균 70년을 살고, 여자는 75년을 산다. 가난한 나라에 사는 지구인의 평균 수명은
부자 나라에 사는 지구인의 평균 수명보다 30년이나 짧다.

수명은 시대에 따라 달라졌다. 최초의 호모 사피엔스는 33년쯤 살았다. 이때 지구인은 수렵과 채집 생활을 했다. 한곳에 머무르며 농사를 짓고 가축을 기르기 시작한 신석기 시대에 지구인의 평균 수명은 20세였다. 1800년대까지 지구인은 평균 30년 조금 안 되게 살았다. 1950년이 되어서야 평균 46세를 살게 되었다.

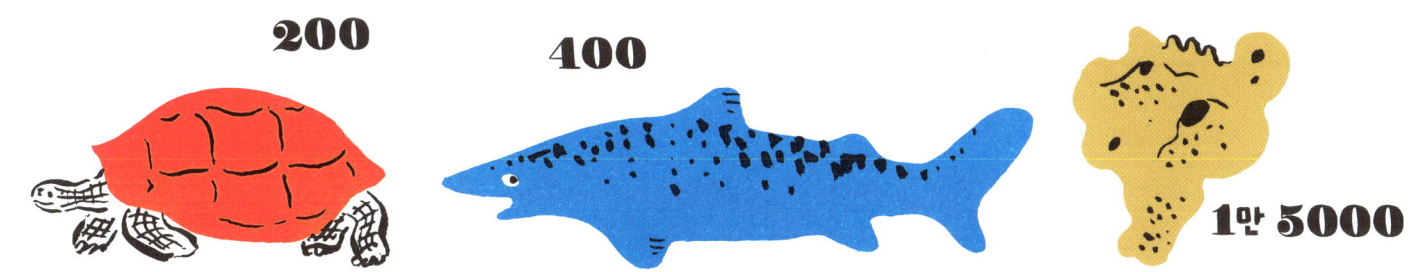

지구인의 수명은 점점 더 길어지고 있다. 물론 지구에는 지구인보다 더 오래 사는 동물들도 있다.
해면은 1만 5000년까지 살 수 있고, 그린란드상어는 거의 400년을 살고,
갈라파고스땅거북은 200년 가까이 산다.

지구인의 수명이 가장 짧은 곳은 사하라 사막 남쪽의 아프리카로, 평균 61세이다. 서유럽인은 평균 84세까지 산다.
지구인은 살아 있는 시간의 3분의 1 동안 잠을 자고, 5분의 1 동안 일한다.

장수

지구인의 수명이 가장 긴 여섯 개 나라는 다음과 같다.

일본(84.2세)
일본인은 고기를 적게 먹고 채소와 과일을 많이 먹는다. 노인들도 운동을 열심히 한다.

싱가포르(83.8세)
싱가포르는 아시아에서 가장 행복한 나라로 알려져 있다. 건강보험 제도가 잘되어 있고, 노인들을 잘 돌본다.

스위스(83.1세)
스위스는 유럽에서 가장 부유한 나라 가운데 하나이다. 부유한 스위스인은 자연 속에서 시간을 많이 보낸다.

오스트레일리아(83세)
오스트레일리아는 '행운의 나라'로 불리며, 행운은 수명을 늘려 준다. 하지만 오스트레일리아 원주민은 별로 행복하지 않다. 평균 수명도 70세이다.

스페인(82.4세)
낮잠 덕분에 오래 사는 것일까? 스페인에서는 낮에 일을 몇 시간 동안 쉬며 밥을 든든히 먹고 낮잠을 잘 수 있다.

프랑스(82.2세)
어쩌면 프랑스인은 심장병에 좋다는 붉은 포도주를 마셔서 수명이 긴 건지도 모른다. 또 음식을 적게 먹는 것도 수명을 늘려 준다. 프랑스인은 유럽에서 가장 날씬하다.

지구인이 가장 많이 읽는 책인 성서에는 초기 인류의 수명에 관한 놀라운 내용이 담겨 있다.
아담은 930년을 살았고, 그의 아들 셋은 912년을 살았다. 성서에 나오는 가장 오래 산 사람은
방주를 지은 노아의 할아버지 므두셀라로, 969년을 살았다!

종교

지구인 10명 가운데 8명은 신이나 신들을 믿고,
6명은 다른 행성에도 생명체가 있을 거라고 믿는다.

하나뿐인 신을 믿는 지구인이 가장 많다. 이런 종교를 일신교라 하고,
여러 신을 믿는 종교는 다신교라 한다. 신이 없는 종교도 있는데, 불교가 그렇다.
이를 무신론이라고 한다. 원시인과 고대 시대 지구인들의 종교는 대부분 다신교였다.

종교는 지구인에게 무엇을 해야 하는지,
그리고 죽은 뒤에 어떤 상과 벌이 기다리고 있는지 말해 준다.
지구인의 종교에서는 대부분 천당과 지옥에 대해 말한다.

지구인의 종교는 스스로 신의 대리인이라고 주장하는
권력자 및 지도자와 끈끈한 관계를 맺어 왔다.

지구인의 역사에는 종교 전쟁과
힘으로 다른 이의 종교를 바꾸는 일이 많았다.

지구인의 종교 중 가장 인기 있는 것은 기독교(31퍼센트)이다. 그 뒤를 이슬람교(24퍼센트), 힌두교(15퍼센트), 불교(7퍼센트), 전통 신앙(6퍼센트), 유대교(0.2퍼센트)가 잇는다.
지구인의 16퍼센트는 아무런 종교도 믿지 않는다. 아브라함 계통의 종교(유대교, 기독교, 이슬람교)는 일신교이다. 힌두교에는 3000만 신이 있다고 한다.

언어

지구인은 언어라는 매우 복잡한 의사소통 체계를 이룩했다.
지구인이 쓰는 언어와 사투리는 7000가지가 넘는다.

지구에 있는 거의 모든 생명체는 소리를 낸다. 식물도 마찬가지다. 생명체들은 소리를 써서
서로 의사소통을 하고, 감정을 표현하고, 자기 영역을 표시한다. 지구인은 언어로 이보다 훨씬 더 많은 것을 한다.
예를 들어 세상에 실제로는 없고 머릿속에만 있는 생각을 말하고, 지나간 일과 앞으로 올 일을 설명하기도 한다.

중국어는 가장 많은 지구인이 집에서 쓰는 언어이다.
10억 명이 넘는 지구인의 모국어이다.

가장 많은 지구인이 쓰는 언어는 영어이다.
약 15억 지구인이 사용하는데, 대부분 모국어로 쓰지는 않는다.
두 번째나 세 번째로, 또는 그 뒤에 배운 언어이다.

지구의 17퍼센트는 영어를 말하고, 15퍼센트는 중국어를, 7퍼센트는 힌디어를, 6퍼센트는 스페인어를, 1퍼센트는
프랑스어를 말한다. 모국어 인구가 많은 언어로는 중국어 12퍼센트, 스페인어 6퍼센트, 영어 5퍼센트, 아랍어 4퍼센트,
힌디어 4퍼센트, 벵골어 3퍼센트, 포르투갈어 3퍼센트, 러시아어 2퍼센트, 일본어 2퍼센트 순이다.

문자

지구인이 가장 많이 쓰는 문자는 다음과 같다.

로마자. 기본 문자 26개로 되어 있다.
왼쪽에서 오른쪽으로, 위 줄에서 아래 줄로 쓴다.

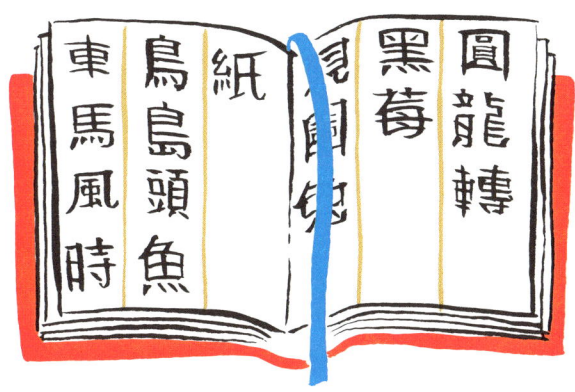

한자. 지구에서 가장 오래된 문자 가운데 하나. 모두
4만 7035자로 되어 있는데, 중국인은 보통 8000자쯤 안다.
중국 신문을 읽으려면 3500자쯤을 알아야 한다.
세로로, 위에서 아래로, 오른쪽 줄에서 왼쪽 줄로 쓴다.

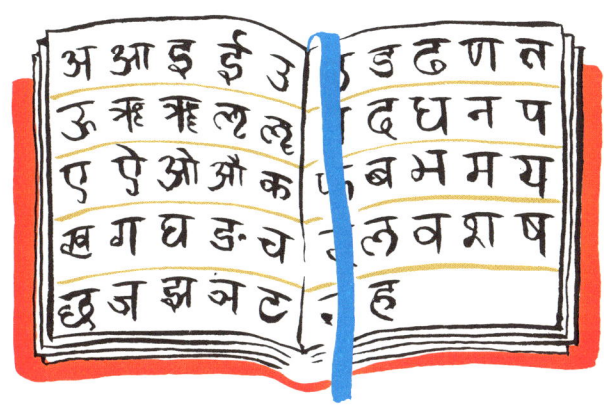

인도의 데바나가리 문자. 모음 11개와 자음 35개로 되어 있다.
왼쪽에서 오른쪽으로 쓴다. 대문자와 소문자가 없다.

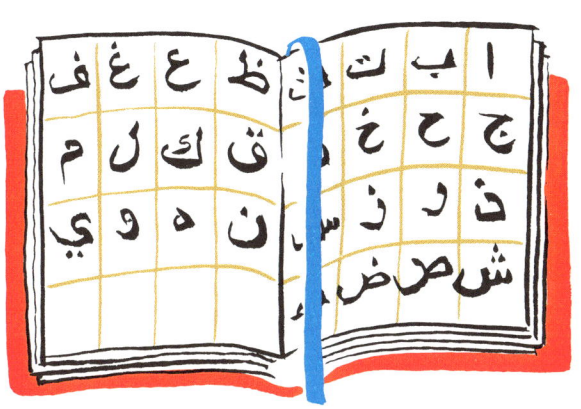

아랍 문자. 기본 문자 18개에 점을 하나에서
세 개까지 더하여 모두 28개 문자를 만든다.
아랍어와 히브리어는 오른쪽에서 왼쪽으로 쓴다.

지구에서 가장 많이 번역된 책은 성서이다. 전체 또는 부분 번역된 것을 모두 더해
3589개 언어로 옮겨졌다. 두 번째로 많이 번역된 책은 생텍쥐페리의 『어린 왕자』이다.
프랑스어로 쓰인 이 이야기는 382개 언어로 번역되었다.

적게 잡아도 3866개 언어에 문자가 있다. 지구인의 39퍼센트는 로마자를 쓰고, 18퍼센트는 한자,
25퍼센트는 데바나가리 문자, 14퍼센트는 아랍 문자, 그리고 4퍼센트는 키릴 문자를 쓴다.

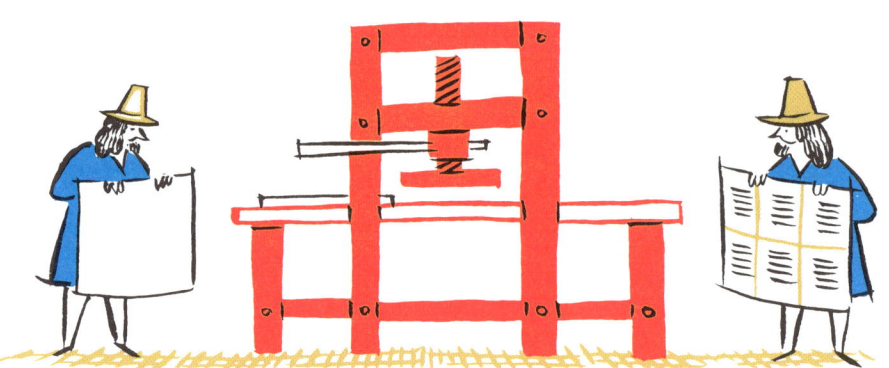

지구인이 100명이라면 87명은 읽고 쓸 수 있고, 87명은 초등학교를 졸업했고, 66명은 중학교를, 40명은 고등학교나 직업학교를, 7명은 대학교육을 마쳤다.

옛날에는 읽고 쓸 줄 아는 지구인이 매우 드물었다. 권력 계층, 성직자, 학자만이 글을 알았다. 유럽에서는 아주 적은 수의 사람들이 라틴어로만 글을 쓰고 읽기도 했다. 손으로 베껴 쓴 책은 귀했다. 아주 비쌌고, 보통 사람은 볼 수조차 없었다. 1450년경에 인쇄술이 발명된 뒤에야 많은 사람들이 자기 나라 말로 쓰인 책과 신문을 구할 수 있었으며, 덕분에 읽는 능력이 널리 퍼져 나갔다. 읽는 방식도 목소리를 내어 읽는 것에서 소리를 내지 않고 눈으로만 혼자서 읽는 것으로 바뀌었다.

3000가지가 넘는 언어와 사투리가 사라질 위기에 있다. 노인들만 사용하고 어린이와 젊은이는 배우려 하지 않는 언어들이다.
언어 가운데 절반은 사용자가 10만 명도 되지 않고, 25퍼센트는 1000명도 되지 않으며, 64개 언어는 한두 명만 쓴다.
1000년 전 지구인들은 9000가지 언어를 썼다. 2050년이 되면 지구에서는 4500가지 언어만 쓰일 것이다.

보고서를 마무리하며

지구에는 약 80억 명의 지구인이 삽니다.

지구인은 점점 늘어나고 있습니다. 200년 전에 지구인은 10억 명쯤이었는데,
2056년에는 100억 명에 다다를 것으로 보입니다.

절반이 넘는 지구인이 도시에 삽니다. 지구의 역사를 통틀어 보면 지구인은 대부분 시골에 살았습니다.
200년 전만 해도 지구인 100명 가운데 93명은 도시 바깥에서 살았습니다.

도시에 사는 지구인 10명 가운데 9명은
더러운 공기를 마시고 삽니다.

10명 가운데 3명은 주거 환경이 나쁜 슬럼에서 삽니다.

서기 0년에 지구인은 2억 명이었고, 1600년에는 5억 명, 1927년에는 20억 명, 1960년에는 30억 명이었습니다. 현재 지구인의
56퍼센트가 도시에 삽니다. 2050년이 되면 지구인의 70퍼센트가 도시에 살게 될 것입니다.

지구인은 재산을 매우 불평등하게 나누고 있습니다. 가난한 사람은 부유한 사람보다 상상할 수 없을 정도로 많습니다. 가난한 사람과 부유한 사람의 격차는 점점 더 커집니다.

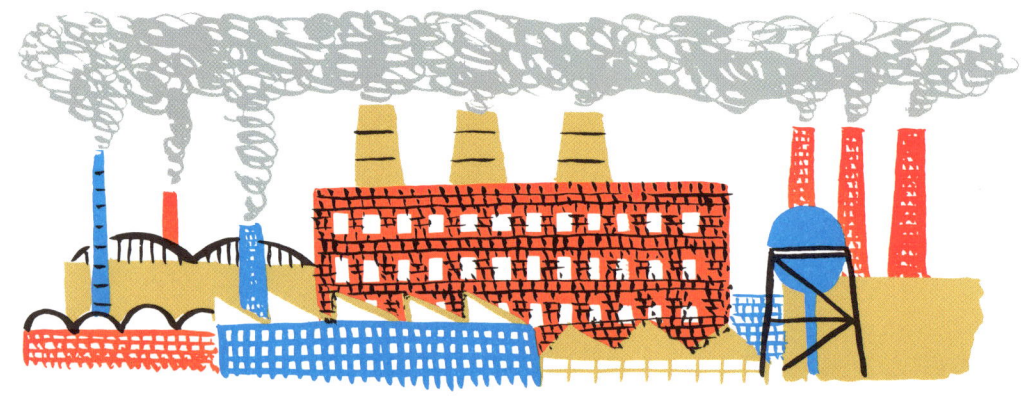

지구인은 만들고, 쓰고, 엄청나게 많은 에너지와 음식과 그 밖의 여러 가지를 낭비하며 지구를 망가뜨리고 있습니다. 지구인은 물과 흙, 지구를 둘러싼 대기를 더럽힙니다. 이 때문에 기후가 달라져서 기온이 올라가고, 해수면이 상승하며, 폭염과 태풍, 홍수, 산불과 들불이 일어납니다.

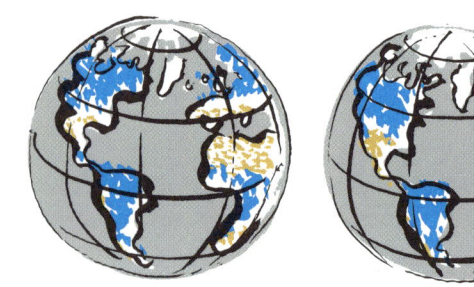

부유한 지구인은 가난한 지구인보다 자연 자원을 훨씬 더 많이 씁니다.
모든 지구인이 미국인처럼 생활하면 지구 5개가, 한국인처럼 생활하면 지구 3.5개가 필요합니다.

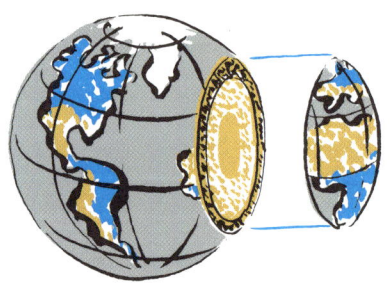

그렇지만 인도인이나 예멘인처럼 생활한다면
지구가 0.8개나 0.4개만 있어도 충분합니다.

전 세계 부의 절반을 가장 부유한 1퍼센트의 지구인이 가졌습니다. 가장 부유한 10퍼센트의 지구인은 지구 전체 부의 76퍼센트를 차지하고 있습니다. 가난한 50퍼센트의 지구인은 지구 전체 부의 2퍼센트만 갖고 있습니다.

지구인은 지구의 자연 자원을 지구가 생산할 수 있는 속도의 2배로 쓰고 있습니다.
지구인은 생활수준을 유지하면서도 좀 더 알뜰하게 살 수 있습니다.

이렇게 하면 됩니다. 음식을 버리지 않고,
고기 대신 채소를 더 많이 먹고,

비행기나 자동차 여행 대신 기차나 자전거 여행을 하고,

전기를 아끼고,

난방과 냉방을 덜 하고,

생산과 새 물건 사기를 줄이고,

나무를 비롯한 식물을 잘라 내지 말고,
할 수 있는 만큼 많이 심는 것입니다.

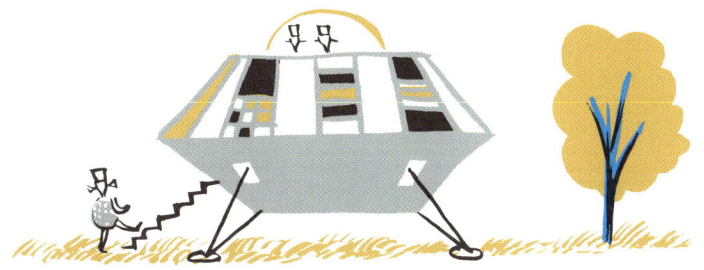

이 보고서를 쓴 조사대는 지구인이 자기들의 행성을 더 소중히 여기고 자원을 아낄 것인지 예측할 수 없다고 합니다.
우주에서 가장 지능이 높은 생명체 대표로 구성된 우리 위원회는 지구인을 계속 관찰하기를 권고했습니다.
이 보고서 표지에 붙은 카드에는 이런 말이 쓰여 있습니다. "1000년 뒤, 지구인의 운명이 어떻게 되었는지 확인할 것!"
덧붙여서 작고 파란 글자로 이렇게 적혀 있습니다.

"호모 사피엔스의 생존 가능성 50퍼센트."

 호모 사피엔스 **17**

 지구인의 몸 **20**

 강인한 지구인 **24**

 피부 **33**

 눈 **36**

 털 **40**

 오른손잡이와 왼손잡이 **50**

 음식 **52**

 잠 **58**

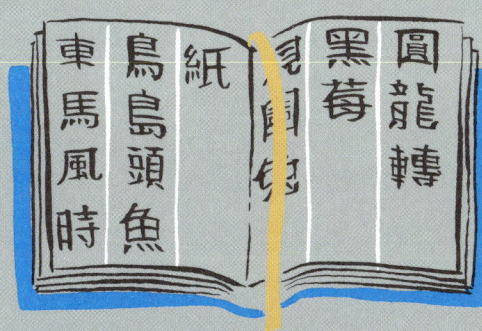 언어 **68**

 보고서를 마무리하며 **71**

행성 간 탐험 조사대가 지구인을 조사하는 데 쓴 가장 중요한 자료들.

anad.org; britannica.com; cia.gov; datareportal.com; data.worldbank.org; esa.int; fao.org; freedomhouse.org; gapminder.org; guinnessworldrecords.com; internetworldstaats.com; kids.britannica.com; nasa.gov; nature.com; oecd.org; ourworldindata.org; overshootday.org; pewresearch.org; pnas.org; sciencedaily.com; smithsonianmag.com; statista.com; statisticstimes.com; stats.oecd.org; theglobaleconomy.com; theworldcounts.com; un.org; unicef.org; who.int; wikipedia.org; worldatlas.com; worldbank.org; worldmeters.info; world-statistics.org; worldpopulationreview.com.

이 책의 저자와 출판사는 이 책에 완전하고 바르고 진실한 정보를 싣기 위해 최선을 다했습니다. 하지만 자료마다 서로 정보가 다르기도 했음을 말씀드립니다.

Text ⓒ Ewa Solarz
Graphic design and illustration ⓒ Robert Czajka
Originally published in 2023 under the title "Ziemianie" by Wydawnictwo Druganoga Agata Loth-Ignaciuk, Warsaw, Poland.
Korean translation rights arranged through KaBooks rights agency — Karolina Jaszecka.

이 책의 한국어판 저작권은 KaBooks rights agency를 통해 Agata Loth-Ignaciuk와 독점 계약한 원더박스에 있습니다.
저작권법에 의해 한국 내에서 보호받는 저작물이므로 무단 전재와 무단 복제를 금합니다

 이 책은 'ⓒ폴란드 번역 프로그램'의 지원을 받아 출간되었습니다.

외계인 탐사대의 지구인 보고서

2025년 10월 30일 초판 1쇄 발행

글 에바 솔라슈 ● 그림 로베르트 챠이카 ● 옮김 이지원
편집 이기선, 김희중 ● 디자인 쿠담디자인
펴낸 곳 원더박스 ● 펴낸이 류지호
주소 (03173) 서울시 종로구 새문안로3길 30, 대우빌딩 911호
전화 02-720-1202 ● 팩시밀리 0303-3448-1202
출판등록 제2024-000122호(2012. 6. 27.)

ISBN 979-11-92953-62-5 (73300)

- 잘못된 책은 구입하신 서점에서 바꾸어 드립니다.
- QR 코드를 스캔하면 원더박스 도서 목록으로 연결됩니다.
- 독자 여러분의 의견과 참여를 기다립니다.
  블로그 blog.naver.com/wonderbox13
  이메일 wonderbox13@naver.com